本书为国家社科基金一般项目：中国共产党维护国家海洋权益的历史研究（21BDJ107）的阶段性成果

融入与赋能：高校思想政治理论课教学体系创新研究

殷昭鲁　著

新 华 出 版 社

图书在版编目（CIP）数据

融入与赋能：高校思想政治理论课教学体系创新研
究 / 殷昭鲁著. —— 北京：新华出版社，2022.12
ISBN 978-7-5166-6577-0

Ⅰ.①融… Ⅱ.①殷… Ⅲ.①高等学校－思想政治教
育－教学研究－中国 Ⅳ.①G641

中国版本图书馆CIP数据核字(2022)第228680号

融入与赋能：高校思想政治理论课教学体系创新研究

作　　者： 殷昭鲁

责任编辑： 董朝合	**封面设计：** 优盛文化

出版发行： 新华出版社

地　　址： 北京石景山区京原路8号		**邮　　编：** 100040
网　　址： http://www.xinhuapub.com			

经　　销： 新华书店、新华出版社天猫旗舰店、京东旗舰店及各大网店

购书热线： 010-63077122　　　　　　**中国新闻书店购书热线：** 010-63072012

照　　排： 优盛文化
印　　刷： 石家庄汇展印刷有限公司

成品尺寸： 170mm×240mm			
印　　张： 14		**字　　数：** 210千字
版　　次： 2023年1月第一版		**印　　次：** 2023年1月第一次印刷

书　　号： ISBN 978-7-5166-6577-0
定　　价： 88.00元

　　古语有言"博古方可通今"，最直白的理解就是，要想看清当今世界的发展，就要对历史有着深刻的理解，通过对人类历史发展规律的思考和把握就能体会到当今社会产生与发展的主要原因。高校思想政治理论课作为当今高等教育培养高质量人才的"主阵地"，让学生"以史为鉴"，认清中国社会主义发展的客观规律，必然会促使新时代高校学生正确看待自身发展和中国特色社会主义事业未来发展的方向，"四史"显然可以有效发挥出这一作用，应当将其有效融入高校思想政治理论课。

　　本书首章针对"四史"的内涵、内在逻辑、价值指向进行明确的分析，表明"四史"包括"党史""新中国史""改革开放史""社会主义发展史"，虽然"四史"其中所记录的内容各不相同，但彼此之间在时间顺序上存在明显的关联性，为明确党和国家究竟从哪里走来、最终要走向哪里、走的过程如何提供了重要的历史说明，并且为其融入高校思想政治理论课奠定了坚实的理论基础。

　　第二章主要立足"四史"融入高校思想政治理论课的可行性与必要性进行明确阐述。其中，以高校思想政治理论课的时代新任务与新使命为突破口，结合"四史"本身所具有的历史说明作用、历史启发作用、历史导向作用，分别表明了将"四史"有效融入高校思想政治理论课的可行性和必要性，从而为全面提升高校思想政治理论课的实效性提供极为有利的前提条件。

　　第三章主要针对"四史"融入高校思想政治理论课的目标进行分析，

确保"四史"有效融入高校思想政治理论课，能够促进学生深入感知党在发展道路上的英雄史、党在谋求人民幸福的奋斗史、党在谋求民族复兴的实践史，力求高校思想政治理论课更好地发挥出引领高校学生思想、价值、道德、历史观念的重要作用，确保新时代高校学生政治信仰、理想信念、价值观念、社会责任、家国情怀的正确树立和高度坚定。

第四章笔者主要针对"四史"有效融入高校思想政治理论课的原则进行分析，力求更加明确融入的方向和侧重点，最终呈现出较为理想的育人效果，其中包括历史导向原则、实事求是原则、整体性原则、总揽性与条理性原则，为实践路径的有效构建提供必要前提。

第五章主要立足"四史"融入高校思想政治理论课的路径开展研究，其中包括"四史"融入高校思想政治理论课程目标体系、"四史"融入高校思想政治理论课程内容体系、"四史"融入高校思想政治理论课程教学方法、"四史"融入高校思想政治理论课程评价体系四部分，力求融入路径保持高度系统性。

第六章内容主要围绕"四史"融入高校思想政治理论课的策略保障，深入解读"四史"内涵及高校思想政治理论课程标准、立足深挖"四史"时代意义与价值丰富课程的内容、注重教育新技术的深层运用、评价标准和评价指标系统构建四部分，将"四史"有效融入高校思想政治理论课策略实施保障条件进行系统论述，确保融入效果更加趋于理想化。

第七章针对全书研究过程中所提出的观点进行系统化总结，同时将其侧重点全面加以归纳，由此确保"四史"有效融入高校思想政治理论课的重心高度明确，实施过程得以顺利进行的同时，保证实施效果能够达到预期目标。

目录 contents

第一章 "四史"的概述

"四史"指的是党史、新中国史、改革开放史、社会主义发展史。"四史"是党和国家带领全国人民探索和实践社会主义的历史见证，深入开展"四史"学习工作显然有助于人们更好地了解中国特色社会主义发展的来龙去脉，并且能够厘清高度坚持和发展中国特色社会主义的意义与价值，能够带领全国人民深刻感知当代乃至未来中国为什么处于"百年未有之大变局"、如何应对这一历史变局，从而树立中国人民正确的政治信仰、理想信念、价值观念、责任意识、家国情怀。因此，要将明确"四史"的内涵、内在逻辑及其价值指向视为起点与重点，本章中笔者就以此为立足点做出全面的阐述。

第一节　"四史"的内涵

"四史"作为党和国家带领全国人民建设与发展中国特色社会主义道路的历史记录，其历史说明作用、历史启发作用、历史导向作用不仅见证着中国特色社会主义理论改革与实践成果，更启发和指引着当代乃至未来中国特色社会主义道路建设与发展的方向。因此，在全国范围内广泛开展"四史"学习活动具有突出的意义和价值。学习"四史"的必要前提就是要深入知晓"四史"的内涵。

一、党史的内涵

中国共产党从立党至今，已逾百年。一部中共党史就是我党百余年来，为实现民族独立、国家富强、人民幸福而进行的不懈奋斗史、理论创新史、自身建设史、不怕牺牲史、为民造福史。

中共十九届六中全会中明确指出，在中国共产党迎来百年华诞之际，全党上下必须高度坚持唯物史观和正确的党史观，客观认知中国共产党在社会主义道路建设与发展中为什么能成功，并且高度明确以怎样的姿态才能继续保持成功，党史所记载的历史事件和历史人物生动地说明了这一点。

纵观中国共产党所经历的百余年风华，记录下的都是奋斗征程道路中所积累的丰硕成果和历史经验教训，新时代的中国正处于"两个一百年"交汇点上，明确中国共产党的百年发展之路显然是明确未来发展之路的关键所在，其内涵指引着党和国家的未来发展。

纵观党史，向人们呈现出的历史事件、历史人物、会议精神无不诠释着一个最基本也是最重要的内涵，即"全心全意为人民服务"，这不仅仅是中国共产党在各个发展阶段治国理政的基本理念，更是中国从弱小走向强大、从强大走向富强、从富强走向胜利、从胜利走向辉煌的基础所在。面对新时代的到来，中国已经开启全面建设中国特色社会主义现代化强国的历史新阶段，中国共产党固然要继续秉承"全心全意为人民服务"的理政理念，敢于开拓创新、敢于实践、敢于接受一切挑战和战胜一切困难，做到在谋略上坚持开拓创新，在战略上坚持敢于斗争，在策略上坚持统一战线，在方略上坚持自我革命。其中，记录的十大历史经验既分别独立，又构成一个完整的体系，彰显了我党不断成长壮大的基因密码。

二、新中国史的内涵

一部新中国史，是中华人民共和国成立70余年，在党的领导下，我们的国家如何从站起来到富起来，并逐渐到强起来的翻天覆地的变化史。

中华人民共和国成立70余年以来，党领导中国人民自强不息、艰苦奋斗，完成和推进了一系列过去想要完成而未能完成的大事：完成了民主革命的遗留任务，稳定了新生的人民政权；创造性地实现了由新民主主义到社会主义的转变，为社会主义的发展奠定了制度基础；进行了改革开放新的伟大革命，开创、坚持和发展了中国特色社会主义，为中华民族伟大复兴的实现开创了条件。

中共十一届三中全会以来，我国坚持改革开放，开创了中国特色社会主义道路，形成了中国特色社会主义理论体系。回望中国共产党的创业史和中华人民共和国的发展史，我们更加明晰前行的方向，更懂得如何沿着成功的道路走下去。

回顾中华人民共和国成立至今所走过的70余年历程，中国社会发生了翻天覆地的变化，取得了举世瞩目的成就。截至 1949 年，中国共产党已经发展到 448.8 万名党员，至 2021 年底，根据中国共产党党内统计公报显示，中国共产党党员总数为 9 671.2 万名，成为领导着十四亿多人口大国、具有全球影响力的世界第一大执政党。根据国家发改委《1952—2021 中国 GDP 增速数据图表》和《经济参考报》数据显示，中国国内生产总值从 679.1 亿元至突破至 110 万亿元；粮食总产量从 2 000 多亿斤（1 亿多吨）增加到 1.365 7 万亿斤（6.828 5 亿吨）；国家统计局数据显示全国财政收入已经从 1949 年的 3 047 万元迈至 20.25 万亿元；居民人均可支配收入达到 3.51 万元。特别是党的十八大以来，在以习近平同志为核心的党中央领导下，党和国家事业取得了历史性成就，发生了历史性变革，实现了从"赶上时代"到"引领时代"的伟大跨越。

三、改革开放史的内涵

一部改革开放史，是改革开放 40 余年，党对中国特色社会主义理论、中国特色社会主义道路以及中国特色社会主义实践的开创、完善以及发展史。

中国的改革开放为什么能够成功，改革开放的中国经验、中国智慧是什么，这是中外学者普遍关心的问题，也是学生应当明确的问题。阐释改革开放史，重在总结改革开放的中国经验、中国智慧，以推进当下和未来改革开放的发展。

习近平同志在庆祝改革开放 40 周年大会上的讲话从九个方面总结了改革开放的经验：坚持党对一切工作的领导，不断加强和改善党的领导；坚持以人民为中心，不断实现人民对美好生活的向往；坚持马克思主义指导地位，不断推进实践基础上的理论创新；坚持走中国特色社会主义道路，不断坚持和发展中国特色社会主义；坚持完善和发展中国特色社会主义制度，不断发挥和增强我国制度优势；坚持以发展为第一要务，不断增强我国综合国力；坚持扩大开放，不断推动共建人类命运共同体；坚持全面从严治党，不断提高党的创造力、凝聚力、战斗力；坚持辩证唯物主义和历史唯物主义世界观和方法论，正确处理改革发展稳定关系。讲话涵盖了改革开放经验的各领域、各方面，是改革开放经验的集中体现和经典表达。

国际社会期待倾听中国声音、理解中国故事。从面向国际社会传播而言，用中国智慧来传递改革开放经验，也许更能赢得国际社会的理解和认可。坚守、协调、包容、创新、务实五个关键词，基本上能揭示改革开放的中国智慧。坚持党对改革开放的全面领导，坚持马克思主义在意识形态领域的指导地位，坚持改革开放的社会主义方向，坚持以人民为中心，尊重人民主体地位和首创精神，这是改革开放坚守的智慧；注重各领域、各方面的改革协调推进，注重改革与开放、政府与市场、中央与地方、公平与效率、传统与现代、物质文明与精神文明、党内民主与人民民主、依法治国与以德治国、"引进来"与"走出去"、国际与国内两个大局、改革发展稳定的协调与平衡，这是改革开放协调的智慧；坚持公有制为主体、多种所有制经济共同发展，按劳分配为主体、多种分配方式并存，一元主导、多元并存的文化格局，共建共治共享的社会治理格局，对外域资金、技术、人才的选择性引进和经验借鉴，这是改革开放包容的智慧；通过解放思想实现创新，通过敢闯敢试实现创新，通过凝聚人民群众的智慧实现创新，将理论创新、实践创新、制度创新、文化创新、技术创新和各方面创新有机结合起来，这是改革开放创新的智慧；立足社会主义初级阶段的基本国情选择发展道路，将发展作为解决中国一切问题的基础和关键，让改革开放成果惠及全体人民，这是改革开放务实的智慧。从坚守、协调、包容、创新、务实五个方面来总结改革开放的中国智慧，有利于中国经验的国际传播。

四、社会主义发展史的内涵

一部社会主义发展史，是社会主义从空想到科学，从理论到实践，从一国到多国，从单一模式到寻求符合各国国情的本土化史、创造性转化以及创新性发展的历史。

社会主义是人类文明历史发展的产物，是人类对理想社会不懈追求的成果，凝聚着世代劳动人民及先进思想家力求摆脱奴役和依附、争取自由解放的憧憬和渴望。作为迄今为止最美好的社会理想，社会主义为人类开辟了崭新的发展道路，展现了美好的发展前景，对人类社会发展产生了前所未有的深远影响。社会主义发展史的第一个时间段就是空想社会主义的产生和发展，空想社会主义是世界社会主义思想的源头。随着资本主义生产关系的萌芽和发展，已经产生了社会主义的理想和思想。恩格斯对这些思想有一些非常经典的刻画，称之为16—17世纪"理想社会制度的空想的描写"、18世纪"直接共产主义的理论"以及19世纪初"伟大的空想社会主义"，并且说："不成熟的理论，是同不成熟的资本主义生产状况，不成熟的阶级状况相适应的。"[1]

这些论断，言简意赅地评价了空想社会主义的历史地位，现在我们说的社会主义发展史的6个时间段，是习近平同志在2013年1月提出的，在对社会主义500余年风雨历程的回溯中，习近平同志从历史和现实的角度，分6个时间段，厘清了社会主义作为人类文明进步的思潮、运动和制度，是怎样在如磐风雨中向前发展的；中国共产党和中国人民在革命、建设、改革的进程中，是怎样经过反复比较和总结，选择科学社会主义、选择社会主义道路的；中国共产党在把马克思主义基本原理同中国实际和时代变迁结合过程中，是怎样历经千辛万苦，开创和发展中国特色社会主义的。

第二节 "四史"之间的内在逻辑

"四史"即"党史""新中国史""改革开放史""社会主义发展史"，每部历史都是中国社会主义发展的见证，它们虽然表面上看似独立存在，但彼此之间在时间节点和事件人物上却存在紧密的联系。接下来笔者将"四史"之间的内在联系以视觉直观的形式呈现出来，具体如图1-1所示。

---

[1] 赵建文，杨河.《反杜林论》哲学编解说[M].北京：北京大学出版社，1999：12.

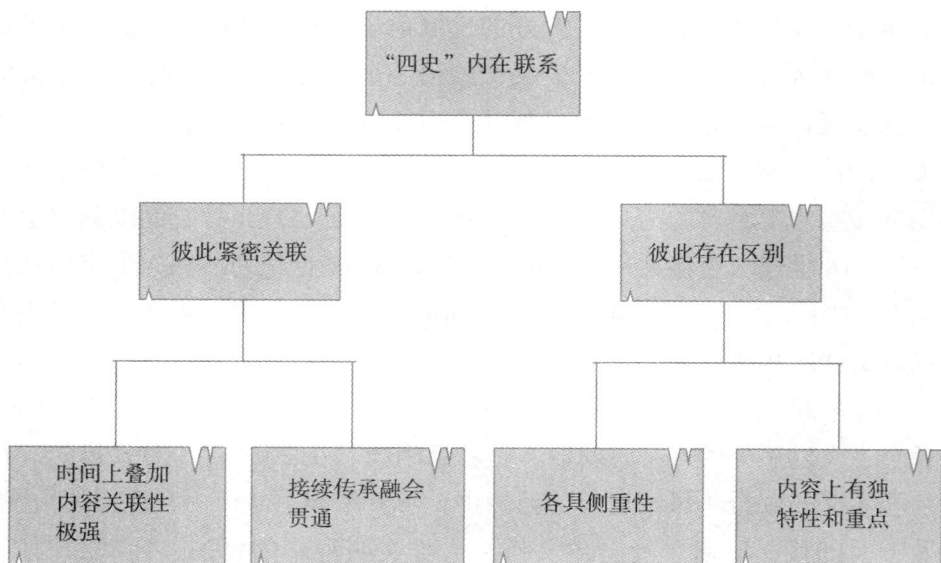

图 1-1 "四史"的内在联系

"四史"之间既存在紧密的关联性，有伴有明显的区别，认清彼此之间存在的紧密联系并找准其区别所在，可避免人们将"四史"理解成"一史"，更好地认识中国共产党、中华人民共和国、改革开放、社会主义发展道路所经历的坎坷与辉煌成就，从而帮助人们铭记历史、牢记使命、砥砺前行，为新时代中国特色社会主义现代化强国之路的建设奋斗终生。

故而，学好"四史"就必须高度明确"四史"之间的联系，清楚其内在逻辑。

一、"四史"之间紧密关联

在时间上是叠加的。所谓"史"，最直观的就是时间段。改革开放史从1978年起，是40余年；新中国史从1949年起，是70余年；党史从1921年起，是100余年；社会主义发展史，从1516年空想社会主义著作《乌托邦》起，至今有500余年。"四史"并不是时间上互不交叉的四段历史，而是大时段与小时段、前后包容的关系。社会主义发展史最长，包含党史、新中国史、改革开放史；党史次之，包括新中国史、改革开放史；新中国史包含改革开放史。

在内容上是关联的。社会主义发展史起始最早，社会主义从空想到科学的发展，产生了马克思主义；马克思主义与中国工人运动相结合，产生了中国共产党；中国共产党领导人民艰苦奋斗，建立了中华人民共和国；在中华人民共和国建立与发展的基础上，进行了改革开放。从社会主义发展史角度，党史、新中国史、改革开放史都是社会主义发展史的不同阶段的展开，"四史"归宗于社会主义发展史；从党史角度，社会主义发展史是党史的源头，新中国史、改革开放史是党史的成果，"四史"是一部延展的大党史；从新中国史、改革开放史角度，社会主义发展史、党史落脚到当下，就集中体现到社会主义的建设和改革之中。

"四史"是一个整体，它们之间接续传承、融会贯通。正因为如此，我们要把学习党史、新中国史、改革开放史、社会主义发展史结合起来。需要指出的是，"四史"既是指四门具体的历史，在某种更为广阔的意义上，又是指历史教育，甚至不限于具体的"四史"本身。比如在大历史的阶段中，更长的还有中华文明5000年历史；还有鸦片战争开始的中国近代史；还有《共产党宣言》开始的马克思主义发展史。这些历史以及各种专门史，都可以纳入广义的历史教育之中。

二、"四史"之间区别

从内容角度出发，"四史"之间各有侧重，全世界范围内社会主义发展史已经长达500余年，在中国共产党诞生之前，社会主义发展史是一种普遍性的存在，中国共产党的诞生则意味社会主义呈现出了具有中国特色的明显特征，"党史""新中国史""改革开放史"并未将前400余年的社会主义发展史记录下来；再从国家层面出发，社会主义发展史显然不仅包括中国特色社会主义发展史，同时还包括中国之外其他国家的社会主义发展史，记录着全世界范围内社会主义理论和实践的全过程，而"党史""新中国史""改革开放史"自然也不包括这一段历史内容，所以这也是"社会主义发展史"独特之处。另外，在社会主义发展史中，空想社会主义的产生和发展，马克思、恩格斯创立科学社会主义理论体系，列宁领导十月革命胜利并实践社会主义，苏联模式逐步形成，以及当今国外社会主义的开展与发展，既是重要的，也是独有的内容。

截至 2022 年，中国共产党历史 101 年，从中国共产党的成立到建立中华人民共和国之前的历史，是新中国史和改革开放史所没有的；这段历史，比社会主义发展史更为详细、更聚焦于中国。关于中国共产党的创立，关于土地革命、抗日战争、解放战争，关于适合中国国情的革命道路等，无疑在中国共产党历史中具有特殊的地位和分量。

新中国史 70 余年，从中华人民共和国成立到改革开放之前的这 30 年，这段历史是改革开放史中所没有的，其比中共党史的相关阐述更为详细；新中国史的"国史"视角，也与"党史"的视角有所区别。关于中华人民共和国的成立、社会主义制度的建立、社会主义的艰辛探索，在新中国史中具有特殊的地位和价值。

改革开放史有 40 余年的时间跨度，很显然其对改革开放以来的事件的阐述，比其他三段历史更为详细。关于党的十一届三中全会、改革开放、社会主义市场经济、中国特色社会主义进入新时代等，这些与现实交融的鲜活历史是改革开放史的核心内容。

对此，之所以是"四史"，而不是"一史"，说明每段历史都有内容上的独特性和重点，不能以其中"一史"代替其他"三史"。党史学习应着重讲清楚中国共产党的性质和宗旨，中国共产党为国家和民族做出的重大贡献，为什么要始终坚持党的领导；新中国史教育，应着重讲清楚中华人民共和国的性质，中华人民共和国取得的历史成就，为什么要坚持和捍卫中华人民共和国的根本制度和基本制度；改革开放史教育，应着重讲清楚为什么实行改革开放，改革开放的伟大成就，为什么新时代要坚持全面深化改革和扩大开放；社会主义发展史教育，应着重讲清楚马克思主义的真理性，社会主义代替资本主义的必然性，中国特色社会主义在世界社会主义发展进程中的历史地位。

总之，要在"四史"教育中结合各门历史的特点，讲清楚中国共产党为什么"能"、马克思主义为什么"行"、中国特色社会主义为什么"好"等重大问题，这对开创中国特色社会主义的美好未来十分必要。

第三节 "四史"的价值指向

从"四史"的内涵中不难发现，所记录的历史事件、会议精神、历史人物对中国社会主义发展的各个时期都有着至关重要的影响和作用，为各个时期中国社会主义发展提供了重要的理论和实践基础，让中国社会主义发展之路始终有丰富的经验可以借鉴。对此，深入明确"四史"的价值指向有助于引导和启发后者理清中国社会主义发展的一般规律，并明确未来中国特色社会主义的前进方向。

一、"党史"的价值指向

《旧唐书·魏徵传》中提出："以铜为镜，可以正衣冠，以古为镜，可以知兴替，以人为镜，可以明得失。"一个政党和一个国家的历史，对这个国家的人民显得尤为重要，我们只有知晓历史，才能在历史的洪流中不随波逐流，永远保持着自己的初心和清醒的头脑；知晓历史，才能知晓差距，才能迎头赶上。中国共产党的历史是思想政治教育实践活动课程取之不尽、用之不竭的资源库。学习党的历史，是立德树人的重要组成部分，这也是党和国家发展的根本要求。把党史素材运用于思政课教育实践当中，是丰富思想政治教育实践活动课的必要手段，也是对广大人民进行党史学习的时代要求。

我党的历代领导人都高度重视青少年的党史学习工作。党的第一代领导人毛泽东在《如何研究中共党史》中指出："如果不把党的历史搞清楚，不把党在历史上所走的路搞清楚，便不能把事情办得更好。"

改革开放的总设计师邓小平面对改革开放后我国青少年所受到的来自西方思潮的冲击指出："历史告诉我们，中国除了走社会主义道路没有别的道路可以走。……青年人不了解这些历史，我们要用历史教育青年……""面对二十一世纪不断变化的国际国内环境，加强青少年的党史学习，依然是一个长期而经常性的工作。"①

进入二十一世纪后，我国面临国际国内局势的巨大变革。习近平同志在多个场合都曾阐述新形势下党史学习的重要性。2014 年 7 月 7 日，在卢沟桥畔的中国人民抗日战争纪念馆举办的纪念全民族抗战爆发 77 周年的仪式上习近平同志指出："历史是最好的教科书，也是最好的清醒剂。"在全国党史工作会议中习近平强调："要着力抓好青少年这个群体，开展形式多样的党的历史知识、光荣传统和优良作风、英雄模范事迹的教育，积极推动党史学习进学校、进课堂、进学生头脑，从小培养青少年热爱党、热爱社会主义的感情"。因此，笔者针对"党史"本身所呈现出的价值取向加以明确，并且在下文中进行相应的解读，具体如图 1-2 所示。

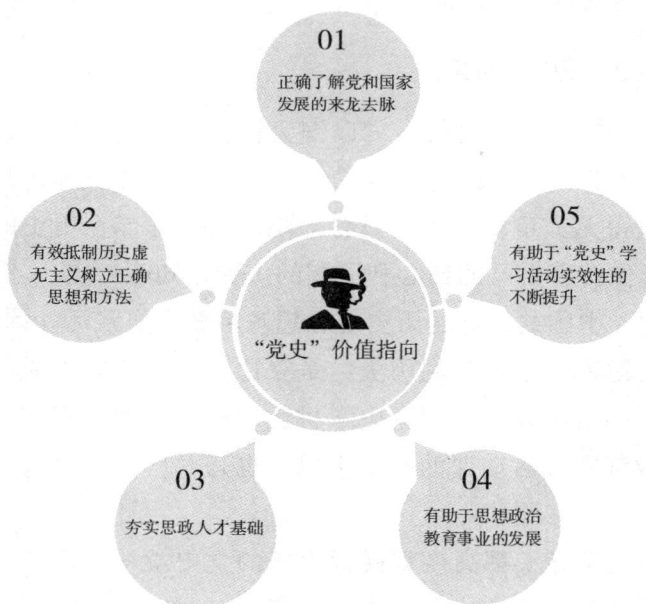

01
正确了解党和国家发展的来龙去脉

02
有效抵制历史虚无主义树立正确思想和方法

05
有助于"党史"学习活动实效性的不断提升

"党史"价值指向

03
夯实思政人才基础

04
有助于思想政治教育事业的发展

图 1-2　"党史"的价值指向

"党史"作为记录中国共产党百余年的发展历史，其中不仅带领全国人民经历了革命战争阶段、社会主义改造与基本建设阶段、改革开放阶段、

---

① 中央文献研究室邓小平研究组著. 一百年不动摇：邓小平理论中学生读本 [M]. 北京：中国工人出版社，1998：76.

中国特色社会主义建设与发展阶段，形成了中国特色社会主义道路、制度、理论、文化发展，学习"党史"必然有助于广泛增强中国特色社会主义道路自信、理论自信、制度自信、文化自信。

（一）有利于人们正确了解党和国家事业的来龙去脉

习近平同志在中央党校建校80周年庆祝大会上指出："要认真学习党史、国史，知史爱党，知史爱国。要了解我们党和国家事业的来龙去脉，汲取我们党和国家的历史经验，正确了解党和国家历史上的重大事件和重要人物。"在思想政治教育实践活动中利用好党史素材，能使中学生更好地了解党和国家事业的来龙去脉，深知中国特色社会主义道路来之不易。中国共产党一路走来始终面临着极其复杂的国际国内环境，在这样的环境中坚定不移地领导人民进行革命和建设，在这过程中，难免会遇到挫折、发生失误，需要正确认识和面对。在思想政治教育实践活动中，应该妥善地运用党史素材，引导学生用积极的态度、正确的立场，具体问题具体分析，正视党发展道路上的曲折和失误，剖析失误和曲折产生的社会历史以及思想根源，总结这些宝贵的经验和教训，尽量避免再走弯路，再犯类似的错误。

（二）有利于抵制历史虚无主义，坚持正确的思想方法

当前，社会上存在着一些历史虚无主义思想，他们试图利用各种手段否定历史，尤其是通过否定马克思主义的指导地位来否定中国走社会主义道路的历史必然性，从而来否定中国共产党作为执政党的合法性。网络上有很多历史虚无主义者解构主流价值，丑化当年的英雄先烈，消解民族精神，对马克思主义理论体系的曲解，对中华人民共和国改革和建设的伟大成就视而不见等。这样的思潮给人们带来了许多困惑。在主流价值教育的主阵地——思想政治教育实践活动中加强党史素材的运用，有利于我们强化党史学习，防患于未然，用正确的理论知识和思想武装人们的头脑，反对历史虚无主义，树立正确的思想观念，这无疑是关乎巩固党的执政地位的大事。

（三）有助于夯实培养思政人才的基础

党的十八大报告提出："把立德树人作为教育的根本任务。"这也是思政课程的根本任务，思想政治教育虽然是一门比较年轻的学科，但其学科内涵十分丰富，学科体系相当完善。思想政治教育实践活动可以作为高校思想政治理论课的学科准备，其最终目标是实现个人的全面发展，更需要切实落实立德树人任务。未来的思政人才都将从现在的人们中产生，因此，加强人们特别是青少年的党史学习显得尤为必要。据调查，许多人为了使自己成为合格人才，本身也有学习党史的迫切要求，都希望通过思想政治教育实践活动来掌握一些基本的党史知识。这样思想政治教育实践活动为思政人才的培养打下坚实的基础，使其初步养成良好的专业素养，在党史学习的指引之下，将来一定会为社会主义事业贡献力量。

（四）有助于改进思想政治教育实践活动教学方法，提升思想政治理论课堂对学生的吸引力

思想政治教育实践活动内容具有一定的理论性和抽象性，许多人对学习思想政治理论提不起兴趣，学习效果可想而知。课程内容枯燥无味，再加上在教育实践活动中所采用的方法多以空谈教学内容的理论说教为主，缺少吸引教育对象的手段，学习热情难以被调动。

如今素质教育是教育的主流，如果思想政治教育实践活动继续采用灌输式、填鸭式等传统的教学方法，不思改进，思想政治教育实践活动吸引不了学生，教育实践的效果肯定会大打折扣。倘若教育者在讲授思想政治课内容时，适当运用能够引起学生广泛关注和兴趣的党史素材，将理论知识与史实相结合，促使学生摆脱对思想政治课的传统看法，对学生学习思想政治课将大有益处。

（五）有助于提高思想政治教育实践活动的实效性

思想政治教育实践活动的目的就是要对教育对象进行思想品德教育和系统的马克思主义基本理论教育，努力将其培养成中国特色社会主义事业的接班人。所谓思想政治教育实践活动的实效性也是针对以上两方面而言的，一是通过适当的教育策略，实现对教育活动主题的追求；二是通过教

育手段的实施,实现对人的发展的追求。教育者在教育活动中注意利用党史素材与教材知识之间的联系,以利于三维目标的实现。教育者精心预设与教育实践主题相关的问题,做出引导分析、甄别、判断与再造,开启向未知方向领域的探索,引导学生正确认识党史素材与知识点之间的关系,从而使教育过程富有活力;培养学生的辩证思维能力,形成良好的人格,树立正确三观。

二、"新中国史"的价值指向

"新中国史"记录党在中华人民共和国成立初期直至改革开放之前带领全国人民进行社会主义改造、初步社会主义建设与发展的经历,无数经验与教训铸就了最终的成果,不仅启发后人,更指导着中国未来社会主义建设与发展之路。

接下来笔者就通过视觉直观的方式将"新中国史"的价值指向加以明确,从而在帮助人们深刻认知 1949 年中华人民共和国成立至 1978 年改革开放期间,党、国家、人民所经历的艰辛为中华民族的发展有着哪些至关重要的影响,具体如图 1-3 所示。

"新中国史"价值指向

01 全面提高国家治理水平和治理能力的实践要求

02 新时期加强党的建设的现实要求

03 顺应和平发展潮流贡献中国智慧的需要

图 1-3 "新中国史"的价值指向

1949 年中华人民共和国的成立向全世界宣布一个拥有 4 亿人口的社会主义国家已经建立，直至 1978 年改革开放，中国共产党带领全国人民不断进行社会主义道路的探索，其艰辛历程更是为中国特色社会主义建设与发展积累了丰富经验，更为新时代中国特色社会主义现代化强国建设带来极为重要的启示。所以，在中国特色社会主义建设与发展道路中，遵循"新中国史"所记录的社会主义发展规律必然会成就未来社会主义又好又快建设与发展。

（一）提高国家治理水平和治理能力的实践要求

习近平同志在 2011 年中央党校秋季开学典礼上强调："历史是一个民族、一个国家形成、发展及其盛衰兴亡的真实记录，是前人的'百科全书'，即前人各种知识、经验和智慧的总汇。"近代以来，各种政治阶级和政党为改变中国苦难的命运，尝试了将不同制度、道路在中国的实践，都没有能够把中华民族从苦难的深渊中解救出来。选择什么样的制度、走什么样的道路才能真正让中国推翻三座大山成为各种政治阶级和政党共同思考的问题。经过无数仁人志士的艰辛探索，中国共产党成为领导人民进行革命事业的核心，成为全国人民的主心骨，并且随着时代发展与时俱进，不断带领人民走向新的胜利。我们党重视历史在社会发展中起到的借鉴作用，时常总结在历史发展进程中留下的经验与教训，从历史中寻找对现实发展的启示。实现中华民族伟大复兴，一直以来是中华儿女自始至终孜孜以求、永远延续着的对美好未来的共同期待。只有在党的领导下建设发展中国特色社会主义，才能实现全体中华儿女这个共同的梦想。为实现"中华民族伟大复兴中国梦"这个宏伟目标，我们党围绕党和国家事业发展大局，加快全面深化改革的步伐，提出了推进国家治理体系和治理能力现代化的总目标。为实现这个总目标，就需要全党认真学习党史、新中国史，从历史经验中汲取治国理政的新的智慧。

党史、新中国史是党实现国家治理体系和治理能力现代化，更好地进行治国理政不竭的智慧源泉。充分提炼总结党史、新中国史中的治理经验，发挥其历史借鉴作用，对中国特色社会主义事业发展有着极为重要的意义。当前，党和国家发展进入了新的历史时期，在经济、政治、文化、社会、生态文明等领域面对的新问题、新挑战也愈加复杂，发展中面临的不确定因素也愈加增多。这就要求党和国家不断提高治国理政的能力和水平，制定和实施好未来发展规划，更好地满足人民生活需求，实现国家的长治久安。这也充分说明"政策是体现执政党性质宗旨的试金石，是反映治国理政水平的标志。"①

贯彻落实党的治国理政经验，关键在于党员干部群体的学习教育。深入学习研究党史、新中国史，提升科学决策能力和水平，真正将治国理政理念落到实处，这是习近平同志从现实角度上对领导干部提出的要求，也是领导干部更好地为社会发展服务应该实现的目标。

（二）新时期加强党的建设的现实要求

百年领航，风华正茂，中国共产党自成立以来带领人民实现了从站起来到富起来，从富起来到强起来的历史性转变。党的十九大报告指出："中国特色社会主义进入新时代，我们党一定要有新气象新作为。打铁必须自身硬。党要团结带领人民进行伟大斗争、推进伟大事业、实现伟大梦想，必须毫不动摇坚持和完善党的领导，毫不动摇把党建设得更加坚强有力。"办好中国的事，关键在党的领导，推进好党的建设新的伟大工程是全体共产党人努力奋斗的目标和梦想。回顾党的奋斗历程，从1921年红船启航，历经国民大革命、土地革命战争、抗日战争、解放战争的洗礼，建立了人民当家作主的中华人民共和国，彻底摆脱了过去的苦难岁月，开启了几千年以来中国历史发展的新篇章，开辟了中华民族走向复兴事业的崭新道路，成功迈进新时代，这一切伟大成就取得的关键在于坚持党的领导，在于坚持全面从严治党的要求。党的十八大以来，中国共产党在各个领域上都取得了显著成就，全面从严治党深入人心，党的建设取得的成效是显著的，获得了人民群众的支持和认可。但是在看到成绩的同时，我们也要清醒地认识到，党在建设上还存在一些问题，在抵御"四大风险"和应对"四大考验"面临着比以往更大的挑战。落实党要管党，从严治党的任务比以往任何时候都更为繁重、更为紧迫。认真学习总结党史、新中国史，总结党

---

① 吴家庆.新征程上发挥党的全面领导的政治优势［N］.光明日报，2002-08-24（6）.

和国家历史上的经验教训，能够使我们在应对复杂问题时拥有足够的定力和底气，能够不断提高党的执政能力和水平，更好地推进党的建设事业。

中国共产党已走过百余年历史，从建党初期的几十名党员到现在 9600 多万名党员，广大党员、干部在革命、建设、改革事业中不断锤炼品格，成为党和国家事业发展的主力军。在革命战争年代，广大党员抛头颅洒热血历经考验，用他们的品格树立起了不朽的丰碑。在新的时代条件下，党员干部面对的挑战和诱惑较过去更加复杂，一些党员干部逐渐忘记了我们党艰苦奋斗的优良传统，对过去的峥嵘岁月的记忆逐渐淡化，思想上产生了动摇，这对党的发展会产生不利影响。在这种情况下，加强党员干部队伍建设，尤其是在党员干部思想层面上的教育就显得非常重要。2019 年，中国共产党在全党开展"不忘初心、牢记使命"主题教育活动，旨在引导党员干部牢记初心使命，坚定理想信念，提高党性修养，发挥先锋模范作用。认真学习党史、新中国史，能够让全体党员从党史和新中国史中吸收历史养分，重温党的光辉历程，继承党的优良传统，勇担初心使命，练就过硬本领，对在今后的工作中更好地为人民群众服务，迎接新挑战取得新成就，具有重要的作用。

（三）顺应和平发展潮流贡献中国智慧的需要

习近平在德国科尔伯基金会演讲时指出："历史是最好的老师，它忠实记录下每一个国家走过的足迹，也给每一个国家未来的发展提供启示。"探究现在与未来同过去之间的关联，是人类通过历史所要完成的使命。中华民族一直以来是爱好和平、美美与共的民族，先民们对于和平发展和安定生活的期盼与愿景早已深入中华民族的血脉之中，并且代代相传。近代以来中华民族饱经战火苦难，战争的残酷使得人民对和平安宁的生活更加向往。中华人民共和国成立以来，中国人民坚定不渝走和平发展道路，在党史和新中国史上，我们能够看到很多来自于中国与世界各国命运与共、合作往来的友好典范。比如中国提出的和平共处五项原则已经得到世界各国的普遍认同，成为调节国际关系的重要准则；再比如中国老一辈革命家倡导构建的中非友好合作关系，早已成了发展中国家合作的典范。党的十八大以来，习近平同志积极推动大国外交，倡导世界各国携起手来实现共同发展，齐心协力、凝聚共识，推动构建人类命运共同体。近年来，通过中国的实际行动，人类命运共同体的发展理念在世界各国不断深入人心，也让世界各国共享中国发展成果。"中国走和平发展道路，不是权宜之计，更不是外交辞令，而是从历史、现实、未来的客观判断中得出的结论，是思想自信和实践自觉的有机统一。"①因此，推动中国乃至世界的和平发展进程需要我们学习历史，在了解历史的脉络中把握世界发展大势，为世界文明发展贡献更多的中国智慧。习近平同志关于学习党史和新中国史的重要论述，对推动中国参与构建世界和平发展合作具有极其重要的指导意义。

三、"改革开放史"的价值指向

"改革开放"对于处在社会主义发展初级阶段的中国而言，无疑是开天辟地的大事件，中国特色社会主义经济制度、中国特色社会主义理论、中国特色社会主义文化随着改革开放的到来逐步形成，并且历经40余年的发展，已经处于成熟状态，为中国经济发展以及引领世界经济发展潮流做出了杰出贡献。针对于此，在新时代背景下的中国特色社会主义现代化强国建设之路中，必须高度明确"改革开放史"的价值取向。"改革开放史"的价值指向具体如图1-4所示。

---

① 中共中央宣传部，中华人民共和国外交部.习近平外交思想学习纲要[M].北京：人民出版社，2021：65.

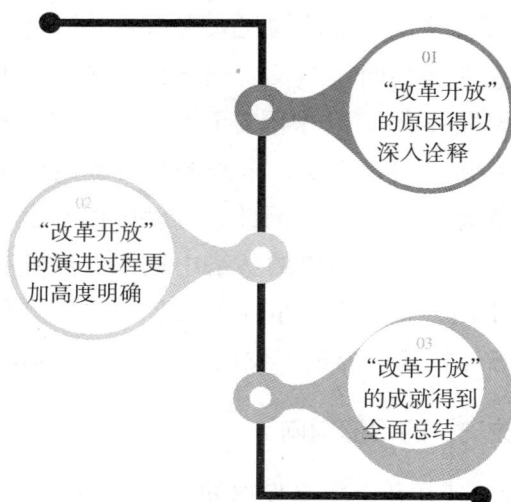

01 "改革开放"的原因得以深入诠释

02 "改革开放"的演进过程更加高度明确

03 "改革开放"的成就得到全面总结

图 1-4 "改革开放史"的价值指向

"改革开放史"全面记录了我国改革开放阶段所经历的一切，其中包括中国特色社会主义理论、中国特色社会主义制度、中国特色社会主义文化等领域所取得的伟大成就。因此，在新时代背景下，全面学习"改革开放史"的价值极为明显，接下来就三个价值指向进行明确阐述。

（一）诠释改革开放发生的原因

历史的发展有其内在规律，改革开放的发生是多方面因素交互作用的结果。阐释改革开放史，首先应交代改革开放发生的背景，说明改革开放发生的原因，以引导大学生认清改革开放发生的历史必然性。习近平同志在庆祝改革开放 40 周年大会上的讲话中指出："我们党做出实行改革开放的历史性决策，是基于对党和国家前途命运的深刻把握，是基于对社会主义革命和建设实践的深刻总结，是基于对时代潮流的深刻洞察，是基于对人民群众期盼和需要的深刻体悟。""四个基于"是中国共产党做出改革开放决策的基本依据。中华人民共和国成立后，国民经济的恢复、社会主义改造的完成、社会主义建设的全面展开，为改革开放奠定了重要基础。

1978 年 9 月 16 日，邓小平在听取中共吉林省委常委汇报工作时指出："社会主义制度优越性的根本表现，就是能够允许社会生产力以旧社会所没有的速度迅速发展，使人民不断增长的物质文化生活需要能够逐步得到满足。"改革开放的出发点之一，就是充分发挥社会主义制度的优越性，在发展生产力的基础上，满足人民日益增长的物质文化需要。改革开放是中国共产党基于对社会主义革命和建设实践的深刻总结做出的决策，是深化社会主义建设规律认识的结果。

（二）明确改革开放演进的过程

历史的发展是一个过程，是连续性和阶段性的统一。我国改革开放采取的是"摸着石头过河"的行动路径，选择的是渐进式的实践策略，先易后难、逐步推进，以增量改革的方法实现由量变到质变。阐释改革开放史，应当梳理改革开放演进的过程，呈现改革开放发展的脉络。改革开放演进的过程，依据标志性改革目标、改革思路的确立，大致可以划分为三个阶段。

从1978年十一届三中全会召开到1992年党的十四大召开之前，是改革开放起步和全面展开时期。这一时期的改革从农村开始逐步向城市延伸，从经济体制改革逐步向各方面体制改革拓展，围绕经济体制改革进行以价格体制、税收体制和财政体制为重点的配套改革。从对内搞活到对外开放，从兴办深圳等经济特区到沿海沿江中心城市对外开放，并在长江三角洲、珠江三角洲、闽东南地区、环渤海地区开辟经济开放区。这一时期的经济体制改革以市场为取向，党的十二届三中全会提出社会主义经济是公有制基础上有计划的商品经济，突破了把计划经济同商品经济对立起来的传统观念，为经济体制改革提供了新的理论指导。

从1992年党的十四大召开到2002年党的十六大召开之前，是改革开放稳步推进的时期，重点是建立社会主义市场经济体制。我国改革开放面临严峻考验，邓小平在南方谈话中明确指出："计划多一点还是市场多一点，不是社会主义与资本主义的本质区别。计划经济不等于社会主义，资本主义也有计划；市场经济不等于资本主义，社会主义也有市场。计划和市场都是经济手段。"这里实际上指明了我国改革的方向，明确了改革的思路和目标。党的十四大明确提出，我国经济体制改革的目标是建立社会主义市场经济体制。此后，市场体系培育、国有企业特别是大中型企业经营机制转换、分配制度改革随之展开，政治体制改革、行政管理体制和机构改革的步伐加快。对外开放延伸到沿边地区和内陆省、自治区，在扩大对外开放地域的同时，基本形成多层次、多渠道、全方位对外开放格局。

从 2002 年至今，党中央有意识地进行制度安排，在价格市场化、银行及金融体系改革、外贸汇率改革等多领域不断进行优化调整，确保中国融入全球经济之中。中国市场化、外向型经济特征充分展现出来，技术领域发展也呈现迅猛态势。

（三）总结改革开放取得的成就

我国改革开放取得了世人瞩目的成就，阐释改革开放史，目的在于引导大学生认清改革开放带来的历史性变化，客观评价改革开放取得的历史性成就，消除对于改革开放的误解和偏见，增进对改革开放的认同和信心。改革开放成就可从各领域进行总结，也可置于不同历史坐标下来评价。改革是从经济、政治、文化、社会、生态、国防和军队、党的建设等领域展开的，开放也涉及不同领域和层次。总结改革开放的成就，可从各领域入手进行具体分析，以呈现改革开放成就的具体面貌。习近平同志在庆祝改革开放 40 周年大会上的讲话，从经济建设、政治发展、文化建设、社会建设、生态文明建设、国防和军队现代化、祖国统一、外交、加强和改善党的领导等方面，总结了改革开放的成就，形成了改革开放成就表达的话语范式。在阐释改革开放成就时，既可分领域全面进行总结，也可选择重点领域进行分析。

总结改革开放的成就，要有大历史观，置于不同历史坐标下来评价，以凸显改革开放的历史地位。改革开放是在中华民族历史积累、文化传统基础上展开的，置于中华民族发展历史上，改革开放极大改变了中华民族的面貌，使中华民族迎来了从站起来、富起来到强起来的伟大飞跃，为实现中华民族伟大复兴奠定了坚实基础，并实现了中华优秀传统文化的创造性转化、创新性发展，使中华文明发展达到了新的高度。

四、"社会主义发展史"的价值指向

坚持和发展中国特色社会主义，是中国共产党领导全国各族人民百余

年奋斗的根本选择；能够更为深刻地理解中华人民共和国成立70余年来，特别是改革开放40多年来的社会主义革命、建设和改革历程，是中国社会发展和中华民族伟大复兴的根本道路；能够开阔理论视野，培养战略思维，树立世界眼光，切实应对中华民族伟大复兴的战略全局和世界百年未有之大变局，勠力同心，砥砺奋进，为实现全面建设社会主义现代化强国的目标而努力奋斗。这就是前文提到的，学习社会主义发展史需要练就世界历史眼光。此外，把学习社会主义发展史同学习党史、新中国史和改革开放史相统一，在"四史"的总体上，把握社会主义发展史，还需要努力做到理论与实际、学习与运用、改造主观世界与改造客观世界相统一，在求实、务实、落实上下功夫，在学以致用、学用结合上下功夫。

综合本章各节所阐述的内容可以看出，"四史"之中既存在明显的联系又有明显的区别，内在逻辑紧密并且价值指向高度明确，能够为中国特色社会主义事业建设与发展起到重要的指导、启发、导向作用。为此，将其融入高校思想政治理论课程具有极为明显的可行性和必要性。

第二章 "四史"融入高校思想政治理论课的可行性与必要性

纵观新时代发展对高等教育人才培养所提出的新要求,"高质量"无疑是最为集中的概括,不仅要求高校学生在专业知识与技能领域有着更为全面的掌握,更要求其在思想、价值、道德观念上保持高度的正确,始终保持正确的理想信念和奋斗精神。因此,这就意味着新时代高校思想政治理论课必须进行更为深入的调整,"理论联系实际"的进一步深化就成为关键中的关键,因而"四史"融入高校思想政治理论课具有可行性与必要性。笔者在本章中,会针对其融入的可行性与必要性做出深入的说明。

第一节 高校思想政治理论课的时代新任务与新使命

高校思想政治理论课作为高校课程体系中至关重要的组成部分,其根本任务在于全面加强高校学生思想工作的高质量开展,确保高校学生思想观念、价值观念、道德观念得到全方位引导,正确形成世界观、人生观、价值观。然而,随着新时代中国特色社会主义现代化强国之路的建设全面开启,高校思想政治理论课不仅要通过理论层面加强学生上述思想、观念、意识的正确引导,还要通过真实的历史事件让广大学生深刻感知中国特色社会主义道路的发展经历,在深度启发中感受到未来中国特色社会主义走向何方,客观准确地做出决策,由此成为新时代中国特色社会主义建设之路上的合格人才。这也为高校思想政治理论课赋予了时代新任务和新使命,本节中笔者就主要针对该观点做出明确阐述,进而为说明"四史"融入高校思想政治理论课的可行性与必要性奠定坚实的基础。

一、高校思想政治理论课的时代新任务

从高校思想政治理论课所肩负的责任与任务来看,就是要确保高校人才培养道路中,能够使高校学生拥有正确的思想观念、价值观念、道德观

念，最终成为中国特色社会主义事业发展道路中的高质量人才①。随着时代的发展，针对高质量人才的认定标准也有了进一步的提升，具备高度的中国特色社会主义道路自信、理论自信、制度自信、文化自信的高等教育人才显然成了高质量人才的一项重要认定指标，高校思想政治理论课也随之肩负起了时代新任务，笔者通过视觉直观方式将其加以明确，具体如图2-1所示。

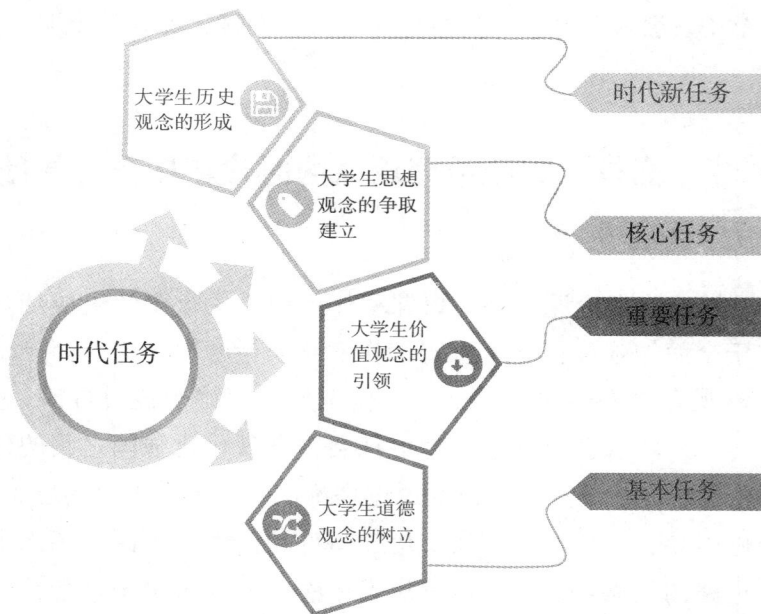

图2-1　新时代赋予高校思想政治理论课的具体任务

如图2-1所示，位于图片下方的三项作为各个时期高校思想政治理论课建设与发展的根本任务，其中思想观念、价值观念、道德观念的正确引领分别为核心任务、重要任务、基本任务，最上方的历史观念则为新时代赋予高校思想政治理论课建设的新任务。正因如此，作为全面引领高校学生思想、价值、道德观念发展的高校思想政治理论课在新时代课程目标建设方面，显然要将促进学生历史观念的正确形成与发展视为重中之重，并

① 陈小林.习近平思想政治教育思想融入高校思想政治理论课研究[J].高教学刊，2019（22）：156-158.

且要确保学生思想观念、价值观念、道德观念的正确形成和不断加固。这显然是新时代赋予高校思想政治理论课的新任务，也是"四史"得以深度融入的基本前提。

（一）历史观念：高校思想政治理论课教育教学活动目标的基本构成

党的十九大胜利召开，标志着我国已经进入历史发展的新阶段，该阶段的中国比任何历史时期都更加接近中华民族的伟大复兴，所以作为全面引领高校学生思想、价值、道德观念全面发展的思想政治理论课也随之迎来新的任务，更要面临新的挑战。其中，在思想政治理论课的目标层面，引领高校学生历史观念的形式与发展就是最基本、最艰巨的新任务，具体通过以下三个方面说明。

1. 中国特色社会主义理论体系深刻诠释以史为鉴的必要性

早在 2018 年，教育部就颁布了《新时代高校思想政治理论课教学工作基本要求》，明确指出当今时代背景下高校思想政治理论课包括四项基本内容，即毛泽东思想、马克思主义基本原理、中国近代史纲要、思想道德修养与法律基础。除此之外，硕博阶段与高校本科阶段的理论课程设置存在明显不同，是理论层次学习的升级。主要包括中国特色社会主义理论与实践研究、自然辩证法概论等内容。但是从内容设置的初衷来看，就是要让高校学生能够深刻认识我国正在走以马克思主义思想为指导，符合中国国情的中国特色社会主义道路。

中国共产党在 100 余年的探索之路中，几经周折明确了只有社会主义才能救中国，同时社会主义思想和制度不能拿来就用，需要根据中国历史发展和文化底蕴传承的需要，不断加以优化和完善，最终才能成就中国特色社会主义的又好又快发展，实现中华民族伟大复兴的中国梦。其间，中国特色社会主义理论思想必然要贯穿课程的全过程，明确中国共产党 100余年来的心路历程更是未来又好又快发展的重要保证，而这也正是当今时代背景下高校思想政治理论课全面树立大学生正确历史观念的必经之路，也是党史融入高校思想政治理论课的价值体现，更是新时代高校思想政治理论课目标体系的基本构成之一。

2. 新时代高校思想政治理论课的历史意蕴和理论内涵相辅相成

在人们心中通常会有一种想法，即"懂史才能通今"。这句话的含义就是当今时代乃至未来时代的发展是历史的一种延续，寻求发展的可持续性并达到又好又快的发展目标，就必须广泛吸取历史经验和教训，总结经验探寻进一步提高之处，吸取教训才能不断完善今后的发展道路，故而这也造就了政治学科与历史学科不可分离的定律。

在新时代背景之下，高校思想政治理论课更要将历史意蕴和理论内涵之间紧密联系起来，先要让高校学生深入知晓中国共产党是在怎样的历史背景下诞生，在怎样的历史背景下艰难前行，又在怎样的历史背景下带领中国人民实现跨越式大发展，最终要领导中国人民实现怎样的发展目标，让广大高校学生通过思想政治理论课的学习能够深刻感知伟大目标并不是遥不可及，将其实现是一种必然。由此，不仅能坚定广大高校学生在中国特色社会主义道路中的理想信念，更能促进高校学生为实现共同的目标不懈奋斗，让自身的社会价值达到最大化，从而让高校思想政治理论课成为引导高校学生正确树立历史观念的理想载体。

3. 高校思想政治理论课的内容最大程度实现历史贯穿

毫无疑问，中国共产党带领中国人民探索中华民族伟大复兴之路的全过程可以称之为一部民族的奋斗史，更可以称之为民族发展史和富强史，铸就这一部历史的领导者无疑是伟大的中国共产党和中国人民。

当今时代的中国高校学生无疑是新时代中国特色社会主义事业发展的核心力量，让学生了解中国共产党在带领中国人民实现伟大复兴道路中所经历的艰辛和取得的成就，自然能够启迪学生了解中国共产党能够带领全国人民不断开拓进取的原因，也能够帮助广大高校学生深刻认识中国共产党治国理政基本方针和理念的优势所在，进而能够确保广大高校学生通过思想政治理论课不断提高道路自信、理论自信、制度自信、文化自信，最终唤起广大高校学生"知史爱党""知史爱国"的情怀，达到全面增强其社会责任意识。这不仅是高校思想政治理论课引领学生正确树立历史观念的过程，更是高校思想政治理论课最高层次目标的明确体现。

（二）思想观念：高校思想政治理论课引领作用的根本体现

思想决定态度，态度决定高度。思想观念的高度准确必然会成就各领域发展最终走向成功，高校思想政治理论课作为引领当代高校学生思想观念形成与发展的重要平台，如何确保学生正确面对中国发展显然成为新时代高校思想政治理论课建设与发展必须关注的重点。其间，只有带领学生回首中华人民共和国发展的历程，正确感受其取得的成果才能让学生拥有赢得未来的自信，最终树立起正确的思想观念。而这显然也是新时代高校思想政治理论课引领作用的根本体现，更是新时代赋予的新任务，接下来笔者就通过三方面将这一观点做出明确阐述。

1.高校思想政治理论课能够引导学生客观认知中国共产党的执政规律

中国共产党带领全国人民在时代发展的浪潮中，不断创造一个又一个奇迹的关键在于治国理政方略始终保持与时俱进，始终以带领全国人民实现中华民族伟大复兴为根本目标导向，由此才能将我国建设成为富强民主文明和谐美丽的社会主义现代化强国。

在此期间，中国共产党不仅高度结合马克思主义理论思想和方法论，高度结合中国社会主义事业发展道路中的实际情况和需要，提出具有新时代色彩的中国特色社会主义理论体系，并以此为指导制定、落实治国理政新方略，最终形成具有高度可持续性的执政规律。这恰恰是中国特色社会主义道路得以永续发展的重要领导力所在，也是全国人民道路自信、理论自信、制度自信、文化自信的根本所在，更是中国特色社会主义理论思想深深植入广大中华儿女内心深处的主要力量。

为此，高校思想政治理论课作为全面强化高校学生思想观念的重要平台，带领广大高校学生深刻认知中国共产党带领中华儿女接连创造的不朽奇迹就成为一项重要任务，从而促使高校学生客观认知党的执政规律所在，确保新时代背景之下高校思想政治理论课能够进一步加强关于高校学生思想观念的引领作用。

2.高校思想政治理论课能够促进学生深刻认知社会主义建设规律

从高校思想政治理论课的内容出发，中国特色社会主义制度从无到有，再到逐步完善，最终走向成熟需要经历较为完整的过程，虽然时间跨度较大，但是其"功在当代、利在千秋"。高校思想政治理论课教育不仅仅要将社会主义理论传递给学生，更要让学生知其然的同时，知其所以然，这样中国特色社会主义建设之路才始终能够拥有更多理想信念坚定、政治素养过硬、高度具备社会责任意识的先进人才作为支撑，中国特色社会主义建设事业才能永续进行。这也意味着高校思想政治理论课要全面颠覆固有的学习理论教学认知，强调以"新中国史"为重要契机，巩固思想政治理论课理论基础的同时，全面提高思想政治课的理论层次，确保高校学生思想高度的提升路径能在回首过去、客观找其规律的基础上再放眼未来发展，实现从思想层面助力新时代中国特色社会主义现代化强国建设。

3. 高校思想政治理论课能够推动学生深入理解人类社会的发展规律

在任何历史时期，中国展现在世界面前的都是泱泱大国形象，不仅影响着每一位中华儿女，更影响着世界的发展。随着中国在各个领域发展进程的不断加快，我国更有能力去承担世界责任，因而早在 2012 年就已经提出"人类命运共同体"的发展观念，并在新时代发展道路中依然全面践行这一价值观念。

该价值观念是在中华儿女思想观念全面升华的前提下提出的，高校思想政治理论课作为全面引领高校学生思想观念的重要载体，在新时代中国特色社会主义建设之路中，高校学生思想观念的正确形成不仅要放眼未来发展的目标，更要了解我国在不同历史时期的经历，从而深刻感知一步步建立"人类命运共同体"所要经历的过程，最终助力广大高校学生社会责任、历史责任意识的正确形成，铸就新时代中国特色社会主义现代化强国建设始终保持又好又快的步伐。这显然是新时代高校学生思想观的新体现，更是新时代高校思想政治理论课所必须完成的一项新任务。

（三）价值观：高校思想政治理论课充分发挥"主阵地"作用

从发展的可持续性角度出发，人的观念起着决定性作用，其中既包括历史观念和思想观念，还包括价值观念和道德观念，前两者作为基础，后者则是基础中的基础，价值观念则是人的价值体现所在，针对价值观，笔者将"四史"融入高校思想政治理论课对大学生价值观念的形成所产生的作用加以明确，如图2-2所示。

图2-2 "四史"融入高校思想政治理论课对学生价值观的引领作用

在高校思想政治理论课程建设与发展中，学生价值观念的正确引领是一项基本任务，确保学生能够正确看待中国特色社会主义发展道路，能够客观准确地加以评价，并对其未来发展产生正确的看法，而这无疑需要有更具客观性的课程内容作为支撑。由于"四史"具有较强的史实性，客观记录了党、国家、人民在社会主义发展道路中所经历的点点滴滴，所以能够帮助高校学生针对中国特色社会主义发展道路形成正确认知，因此这也是"四史"有效融入高校思想政治理论课的必要性所在。

另外，在高校思想政治理论课建设与发展中，既要做好高校学生各项观念培养的统筹规划，还要做到突出重点。其间，高校学生价值观念的引领作用至关重要，必须发挥出"主阵地"作用，这显然是确保我国新时代中国特色社会主义现代化强国建设之路可持续发展的关键性因素，也是新时代背景下高校思想政治理论课必须承担的一项极为重要的新任务。

1.高校思想政治理论课把握价值观念引领的整体性和着重性

观念引领一直是高校思想政治理论课建设与发展的重要任务所在，就是要让高校学生通过思想政治理论课的学习过程，建立正确的思想观念，价值观念、道德观念、历史观念，从而全面提高高校学生思想素质、政治素养、社会责任意识。

在此过程中，尊重历史、汲取经验，能够客观了解事物发展的一般规律并正确辨别未来发展方向，并为最终做出正确的行为决定提供重要保证。这显然是高校学生价值观的成熟表现，也是高校思想政治理论课所肩负的重要任务所在。其中，历史观念和思想观念的正确引领作为基础，而价值观念的正确引领是上层建筑，这就要求高校思想政治理论课建设与发展做到夯实基础的同时，还要进行着重把握，真正实现统筹学生各项观念的全面发展，真正成为新时代中国特色社会主义强国之路建设的高质量人才，让高校思想政治理论课在学生价值观念的正确养成过程中发挥出"主阵地"作用。

2. 始终将科学社会主义作为高校思想政治理论课教育教学活动的切入点

社会主义理论体系、理论模型、实践模式的基础是科学社会主义理论体系，是我党在社会主义发展阶段重要的理论指导和方法论所在，所以在新时代背景之下的高校思想政治理论课程教学活动中，将科学社会主义理论有效渗透教育教学活动具有明显的作用与意义。

其作用体现在不仅能够让学生了解马克思社会主义哲学、马克思社会主义经济学、管理学、行为科学的相关内容，更能在一定程度上促进学生意识到中华人民共和国从无到有、从小到大、从弱到强、从辉煌走向新的辉煌需要一个完整的过程，以及发展过程必然要经过先慢后快，未来势必要保持又好又快的发展态势，自身作为最小的作用主体必须不断为之付出努力，进而帮助高校学生建立起正确的价值观，并能始终保持这一正确的价值观念。意义在于科学社会主义理论的渗透能够帮助广大高校学生正确看待事物发展的一般规律，并且能够以客观的视角做出评价，从中找到行之有效的行动方法，这是高校学生正确价值观念形成的标志所在，更是高校学生在未来发展道路始终热衷于社会主义事业建设的根本动力。

3. 始终将不同层面的价值目标和取向引导作为新时代高校思想政治理论课的重点

纵观我国高校思想政治理论课的发展，社会主义核心价值观的融入是一项极为重要的举措，是高校学生价值观念全方位和深度培养的重要举措。

从社会主义核心价值观的由来角度分析，其是中国特色社会主义先进文化的集大成者，不仅以中华优秀传统文化为重要依托，还加入了党在社会主义事业建设与发展中的实践经验，由此形成了国家、社会、个人层面的价值观。随着时代的发展，新时代中国特色社会主义先进文化的全面提出，让中华儿女在未来发展过程中能够拥有极为明确的价值取向，更让社会主义核心价值观的时代引领作用进一步升华。为此，在新时代背景下的高校思想政治理论课的构建与发展中，价值观的引领作用在着眼过去的同时，还要做到放眼未来，让高校学生能够站在国家、社会、个人未来发展的角度，树立正确的价值目标与价值取向，这显然也是新时代为高校思想政治理论课建设与发展提出的一项极为重要的新要求。

（四）道德观：高校思想政治理论课高品质改革的基本侧重点

所谓的"道德观"，即个体处理与他人、与集体、与社会之间关系的准则，也是人和一切事物保持和谐共生、维持可持续发展的基础条件。当今时代的高校学生作为我国全面建设新时代中国特色社会主义现代化强国的中坚力量，全面加强学生道德观的引领必然要成为一项新的任务。特别是在2021年全国高校思想政治工作会议中，明确指出"德"在高校思想政治理论课中的地位。由此可见，道德观的引领成为高校思想政治理论课高品质改革的基本侧重点，以下通过三方面对其加以说明。

1. "立德树人"教育理念在新时代高校思想政治理论课教学活动的深入践行

"立德树人"理念中，明确指出教育究竟要为谁培养人、培养怎样的人、怎样培养人，高校思想政治理论课建设与发展也由此迎来了新的发展契机，进一步强化学生思想与价值观念的同时，还要将高校学生道德观念的正确引领视为基础中的基础，更加突出"德为先"的育人思路。

再从新时代高校思想政治理论课的课程结构出发，"中国近代史纲要"

等课程作为课程结构的重要组成部分，其目的就是要让广大高校学生能够了解中国的过去，感知现代的中国强大的原因，无数革命先驱人物做出了怎样的贡献，由此启发学生在国家未来发展之路中，自己应该以怎样的姿态从容面对和怎样为之努力奋斗，这显然是引导大学生践行党的社会主义实践路线，并全面提高得到意识和素养的重要抓手，更是提升高校思想政治理论课内在品质的重要表现，因此也是新时代背景下高校思想政治理论课一项重要的新任务。

2. 大学生"拔节孕穗"阶段离不开高校思想政治理论课的道德观培育

大学生正处于人生发展的关键阶段，思想、观念、意识在该阶段逐渐走向成熟，所以正确的引导显然至关重要。前文针对新时代高校思想政治理论课关于大学生历史、思想、价值观念的引领进行了明确阐述，也明确指出大学生道德观正确形成的重要意义，但对如何全方位加以培育并未进行介绍。对此，结合高等教育阶段大学生正处于"拔节孕穗"的关键期，高校思想政治理论课有效培育其道德观关键在于将社会主义发展史融入其中，通过见证历史的方式去感受党和全国人民在奋斗道路中的伟大，从而激发自己在未来发展中的积极性和主动性，从而形成正确的社会责任意识、民主责任意识、家国情怀，这无疑是当今时代背景下高校思想政治理论课必须完成的一项新要求。

3. 学生道德观的全面引领助力高校思想政治理论课"课程群"全面建设

从人的道德观正确形成过程来看，需要先建立正确的道德认知，随后要有明确的道德取向，之后要有正确的道德情感和坚定的道德意志，最后养成理想的道德信念，因此正确的道德观念是道德意识和道德水平的整体表现。

在形成过程中，既要有全面又客观的经验和教训作为认知基础，又要有准确的判断力和决策能力、极强的自我控制力作为重要支撑。这就要求新时代思想政治理论课在目标、内容、方法、评价方面不断加以补充，在形成一套完整的高校思想政治理论课程体系基础上，建设出具有新时代特征的高校思想政治理论课"课程群"。其中，党史、新中国史、改革开放史、社会主义发展史必然要融入新时代高校思想政治理论课建设中，有效融入自然是极为重要的时代新要求。

二、高校思想政治理论课的时代新使命

中华民族的发展史毫无疑问是中华民族自强不息的奋斗史，在中国共产党的正确领导下，全国各族人民经过不懈的努力奋斗不仅会成就现在，更会成就未来。在新时代背景之下，高校思想政治理论课在进行社会主义理论、思想、方法论教学活动中，显然要用实践进行理论基础的说明，因此让学生以最直观的形式了解历史事件就成为高校思想政治理论课新时代背景下所肩负的重要使命，针对其具体使命的展现如图 2-3 所示。

图 2-3　新时代赋予高校思想政治理论课的具体使命

高校学生作为新时代中国特色社会主义现代化强国建设的人才基石，全面强化其历史、思想、价值、道德观念，自然是新时代赋予高校思想政治理论课的时代新使命。结合上图所明确的高校思想政治理论课所肩负的时代新使命，接下来立足这四方面进行具体说明。

（一）全面激发高校学生助力中华民族伟大复兴新征程的奋斗欲望

高校思想政治理论课作为高校课程体系的重要组成部分，是全面强化

学生历史、思想、价值、道德观念的重要载体，是高校全面培养高质量人才过程中不可缺少的基础课程。面对不同的时代发展背景，高校思想政治理论课在肩负时代新任务的同时，时代更赋予了其新的历史使命，全面激发高校学生助力中华民族伟大复兴新征程的奋斗欲望是第一使命。

1. 百余年风华：高校思想政治理论课帮助大学生真正读懂"党的样子"

中国共产党已经走过百余年，经历从诞生到壮大、从壮大到卓越发展，至今已是全世界第一大执政党，带领中华儿女历经沧海桑田开创富强民主文明和谐美丽的社会主义现代化强国，并且在新时代始终保持着又好又快的发展态势。

但从以往高校思想政治理论课给广大高校学生留下的普遍印象来看，最直观也是最深刻的印象就是要将自己的政治理论不断强化，仅停留在认知层面，未能上升到思想、观念、意识层面。针对于此，在新时代背景之下，中华民族迎来比任何历史时期都接近民族伟大复兴的时代，全面开启中国特色社会主义现代化强国之路，故此要先让广大高校学生深刻意识到当今时代的发展弥足珍贵，未来的发展值得每一位中华儿女期望，中国共产党之所以成为世界第一大执政党，就是有着先进的理论和实践经验做指导。因此，要帮助大学生真正读懂"党的样子"，促使其成为中华民族实现伟大复兴道路上的重要一员。

2. "百余年未有之大变局"：高校思想政治理论课助力大学生坚定理想信念

引领大学生树立并坚定自己的正确理想信念，显然是高校思想政治理论课的一项基本工作，也是升华学生政治情感的一项基本举措。

就当前高校思想政治理论课的基本结构来看，完全能够说明该目的具有明确性。可是从高校思想政治理论课的内容组成来看，理论性作为主体，但没有真实而又丰富的历史经验加以论证，由此导致当前大学生思想政治理论课的学习过于注重理论知识的强化，学生政治情感和理想信念的高度依然有极大的待提升空间。为此，面对当今中国正处于"百余年未有之大变局"之中，进一步加强大学生政治情感和理想信念的培育就成为新的使命，也是全面激发大学生助力中华民族伟大复兴新征程奋斗欲望的重要举措，由此助力中华民族伟大复兴的中国梦早日实现。

3."惊人一跃"：高校思想政治理论课带领大学生开启新时代中国特色社会主义现代化强国建设之梦

时代的发展具有阶段性特征，中国共产党领导下的中华民族伟大复兴之路也具有阶段性特征，在建党百年之际，中华儿女在中国共产党的带领之下完成了当代中国的又一伟大壮举，我国已全面建成小康社会；至建国100周年之际，要将我国建设成为富强民主文明和谐美丽的社会主义现代化强国，中华民族伟大复兴的中国梦必将在不久的将来成为现实。

然而，成功必然要有历史的积淀作为基础，大学生作为开启新时代中国特色社会主义强国新征程的中坚力量，了解党的发展历程必然会在理想信念、思想观念、价值观念、道德观念等多方面得到升华，带领大学生开启建设中国特色社会主义现代化强国新梦想，这一重任显然要落在新时代高校思想政治理论课肩上，同时也是新时代赋予高校思想政治理论课一项新的使命。

（二）推动高校学生深刻感知国家富强、民族复兴、人民幸福的不懈奋斗经历

党和国家的成长历程和发展历史是近代中华民族的奋斗史和成功史，一个伟大的民族必须要有一部伟大的历史，党史、新中国史、改革开放史、社会主义发展史无疑见证着党和国家发展的成功之路。党和国家的可持续发展道路必须要以史为鉴，面对全面开启的中国特色社会主义强国建设的新征程，高校思想政治理论课必须做到让高校学生深入了解党和国家发展的历程，从而推动高校学生深刻感知国家富强、民族复兴、人民幸福的不懈奋斗经历，深度激发当代高校学生全面建设新时代中国特色社会主义现代化强国的斗志。

1.高校思想政治理论课引领大学生正确认知找出痛点不断挖掘是通往成功的钥匙

国家富强、民族复兴、人民追求幸福的道路充满艰辛，中国共产党正是以"越艰难越向前"的意志带领全国各族人民继往开来，坚定不移地用

中国特色社会主义理论和先进文化引领全民族的发展。

奋斗就会有艰辛，艰辛必然会成就新的发展，艰辛的历程也是成就未来发展的必经之路。学生作为我国未来社会主义事业的建设者，经历坎坷必然会成就自身未来的发展，同时也将转化为社会主义事业前进的动力。这不仅是马克思主义哲学思想的具体说明，还是中国特色社会主义道路探索过程中所总结出的成功经验。对此，在新时代高校思想政治理论课建设与发展道路中，既要通过真实的历史事件去证明过去与未来之间需要通过理论实践来架设桥梁，理论实践的过程往往需要找出痛点，并不断进行深入挖掘，这也正是历史能够带给广大高校学生的重要启示，更是通往成功之路的钥匙。

2. 高校思想政治理论课向大学生明确中国特色社会主义从何而来并指明其优势

中国特色社会主义道路并非凭空出现，其需要经过不断探索和校正的过程作为重要支撑，更需要面对事实，从中寻求具有颠覆性的观念，这正是道路创新的起点所在，更是可持续发展的基础所在，所以高质量人才建设作为中国特色社会主义道路寻求可持续和又好又快发展的基石。高校学生全面认知中国特色社会主义道路的途径非常明确，思想政治理论课是最直接而又最有效的载体，高校学生能够从中深刻感知中国现代化道路的建设具备尊重事实、实事求是的原则，能够根据国情量身制定适合自己的发展道路；在新时代中国特色社会主义现代化强国之路的建设中更是如此，可持续和又好又快是发展道路的常态。因此，这也是新时代我国高校思想政治理论课必须肩负的一项重要使命，更是其思想、价值、道德、历史观念引领作用的根本体现。

3. 高校思想政治理论课全面促进大学生形成知史爱党、知史爱国的情怀

从中国特色社会主义现代化强国建设角度出发，高质量人才必须具备的基本素质在于能够深刻认知国家利益高于一切，必须高度具备家国情怀，由此方可确保有更多的高质量人才能够在新时代为了共同目标前赴后继，不断贡献出自己的一份力量，在建国 100 周年之际将我国建设成为富强民主文明和谐美丽的社会主义现代化强国，以创新型国家的姿态傲立在世界

东方。

学生真正树立这一正确的家国情怀需要一个完整的过程和有力的载体作为支撑，了解中国共产党的发展历程和中国人民的奋斗历程就成为关键条件，能提供这一关键条件的载体就是高校思想政治理论课。因此，在当今乃至未来思想政治理论课建设与发展道路中，通过党和人民的发展史引导广大高校学生形成知史爱党、知史爱国的情怀，自然就是新时代高校思想政治理论课所要肩负的新使命，更是全面强化中国特色社会主义现代化强国建设道路思想之基的重要抓手所在。

（三）促进高校学生深刻了解党在改革开放 40 余年伟大进程中的奋斗经验

改革开放是中华人民共和国成立以来将中国推向世界的一项具有决定性的举措，更是当今中国又好又快发展的基础所在，面对新时代中国未来发展道路的建设与探索，毫无疑问要不断借鉴成功经验，进而做出高度准确的决策，由此才能成就未来的发展。对此，这也赋予高校思想政治理论课建设与发展一项新的时代使命，即促进高校学生深刻了解党在改革开放波澜壮阔的 40 余年伟大进程中的奋斗经验。笔者先将"四史"融入高校思想政治理论课促进高校学生深刻了解中国共产党改革开放 40 余年的奋斗历程，以及取得成功经验的作用加以明示，具体如图 2-4 所示。

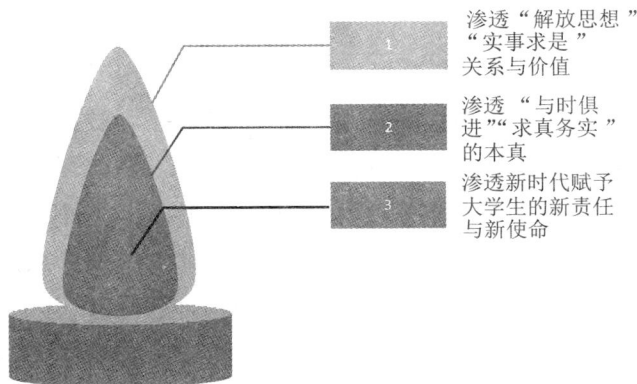

图 2-4　"四史"融入高校思想政治理论课的作用体现

回望历史不仅可以让人们了解过去，更能启发人们审视当下和放眼未来，进而对未来发展做出客观准确的判断。面对新时代的到来，将我国建设成为中国特色社会主义现代化强国已经成为中国共产党和全国人民共同奋进之目标，所以回望历史至关重要。高校作为全面培养高质量人才的摇篮，思想政治理论课无疑让广大高校学生高度明确自身的责任与使命究竟是什么，故而在思想政治理论课中带领学生回首过去，了解中国共产党带领中国人民在改革开放 40 余年所经历的风雨历程，必然会促进广大高校学生在新的历史时期明确自身所肩负的新责任和新使命，而这也正是"四史"有效融入高校思想政治理论课的又一重要作用体现。下文将以此为立足点，对图中所呈现的三个重要作用做出明确阐述。

1. 高校思想政治理论课始终向大学生渗透"解放思想""实事求是"的关系与价值

在发展的道路中，基础固然重要，而有效把握契机更是不可缺少的条件。在中国共产党的带领下，中国人民不仅找到了正确的发展之路，同时还准确找到关键环节，让各个可以实现跨越式发展的历史阶段得到充分把握。其中，实现第一个跨越式发展的历史阶段就是"改革开放"，这也是转变党和国家命运的关键节点。

虽然当今时代的高校学生未经历过改革开放这一历史重大转折点，但他们依然在享受着改革开放后所带来的"红利"，实现该红利的持久化和最大化显然不仅是我国社会经济发展速度的根本推动力，更是全面建设中国特色社会主义现代化强国道路中至关重要的一环。对此，面对当前我国在社会经济、文化等领域所取得的成功，必然要回顾我国历经 40 余年的改革开放史，只有知其过往才能领会其成功的缘由，最终才能不断汲取其经验成就未来的发展。这一重要使命显然落在新时代高校思想政治理论课肩上，而"改革开放史"有效融入是所要面对的一项严峻挑战。

2. 高校思想政治理论课始终向大学生明确"与时俱进""求真务实"之本真

"与时俱进"最早由我国近代教育家蔡元培先生提出，在《中国伦理学史》一书中有着明确的表述，其内涵为"行动和时代共同进步"。"求真务实"中的"求真",其实质就是要"求是";所谓的"务实",其实质就是根据事物发展的客观规律,采用最为有效的手段处理各项事务,力保事务处理过程的高效性。

再立足我党带领全国人民不断实现跨越式发展的过往,充分验证了党的领导方略始终以"与时俱进"为目标要求,始终以"求真务实"为根本原则,体现出党在中华人民共和国不同发展时期的责任与担当,这份责任与担当也会成就国家未来的又好又快发展。基于此,高校有义务也有责任让大学生深刻认知我党在发展道路中所肩负的责任与担当,确保学生能够意识到未来国家发展、民族进步、人民幸福的重任也落在自己肩膀之上,真正成为国家未来发展的关键力量。因而,高校思想政治理论课势必要发挥出主导作用,让大学生始终能够明确"与时俱进""求真务实"之本真。

3. 高校思想政治理论课始终向大学生明确新时代赋予的新责任和新使命

就当今时代发展角度而言,高校已经开启了"双一流"建设之路,正在以卓越工程师、卓越法律人才、卓越医生、卓越农林人才、卓越教师等人才培养为基本目标,强调人才的"卓越性",以满足未来中国特色社会主义事业发展所提出的具体要求。

在新时代中国特色社会主义现代化强国道路中,何为"卓越人才",以及人才的卓越性究竟体现在哪些方面这两个问题值得每一位教育工作者去思考。这不仅要求学生有坚实的学科知识和技能作为重要支撑,更要有坚定不移的理想信念和正确的价值观念,以及保持高度的道路自信、理论自信、制度自信、文化自信,进而为新时代中国特色社会主义现代化强国的建设奋斗终身。但是理想信念的和价值观念的正确树立和"四个自信"的全面建立必须要有极为坚实的前提条件作为支撑,即了解党和国家发展所经历的沧桑巨变;另外还要有理想载体提供强大的引导力,即高校思想政治理论课。以此为契机,高校学生方可在理想的平台中不断明确新时代赋予自己的新责任和新使命。

(四)帮助学生深层次厘清理论逻辑、历史逻辑、实践逻辑的理想载体

在当今高校学生内心之中,普遍对"理论联系实际"原则有着极为深

刻的印象，而该原则正是出自高校思想政治理论课。但是，怎样才能让理论真正与实践保持相互联系，需要有真实的史料和完整的历史经历作为支撑，所以"四史"的有效融入就成为一项必要工作，其帮助广大高校学生深层次厘清理论逻辑、历史逻辑、实践逻辑，而这也是新时代赋予高校思想政治理论课建设与发展的重要使命之一。

1. 高校思想政治理论课始终为学生夯实中国特色社会主义建设的理论基础

从高校思想政治理论课教育教学工作的基本目标出发，既要引导广大高校学生感知马克思主义的历史必然性，同时还要帮助学生深刻认识马克思主义理论观点具有极强的理论意义和现实意义。在此过程中，中国特色社会主义的建设与发展就是以马克思主义理论为重要指导，结合中国国情做出科学的改进，最终形成了马克思主义中国化。

这是对马克思主义理论基础的灵活运用，未来中国特色社会主义现代化强国建设之路依然要以马克思主义理论作为基础。在以往高校思想政治理论课建设与实施中，掌握马克思主义理论思想，以及深度理解马克思主义中国化的内涵两项基本目标已经得到了全面实现，同时也能广泛理解马克思主义的历史必然性，但是在新时代中国特色社会主义现代化强国建设之路中，依然要将其作为理论基础向广大高校学生深入渗透，由此让马克思主义理论思想在不同历史时期的理论指导作用得到广泛认知，让高校学生能够深知未来为什么属于自己和自己应该怎样做。

2. 高校思想政治理论课始终向学生传递中国特色社会主义从辉煌走向新辉煌的历程

所谓的"中国特色社会主义"，其根本就是将科学社会主义的基本原则与中国的实际情况高度结合，从中探索出适合中国国情的社会主义发展之路，道路的科学性和发展的可持续性极为明显，使中国面对不同时代始终可以保持可持续，并最终实现又好又快发展目标。

纵观中国特色社会主义发展之路，不难看出困难、艰辛、挑战始终伴随其中，但通过灵活运用马克思主义中国化的理论成果，中国共产党带领下的中国人民将一系列困难一一解决，并不断开拓出历史发展的新时代，让中国特色社会主义从胜利走向新的胜利，从辉煌走向新的辉煌。因此，在新时代中国高校思想政治理论课建设与发展道路中，必须要让广大高校学生深入了解中国特色社会主义发展究竟经历了什么，前人的智慧究竟在哪些方面得到了体现，中国特色社会主义在未来应该以怎样的姿态呈现在世人面前，进而为新时代中国特色社会主义现代化强国建设提供坚强支撑。而这固然也是新时代为高校思想政治理论课建设与发展赋予的新使命，更是全面培养高等教育高质量人才道路上必须完成的一项硬性要求。

3. 高校思想政治理论课始终向学生明确当代中国开始谱写社会主义现代化建设新篇章

从高校思想政治理论课建设与发展的根本目的来看，就是要坚定广大高校学生正确的理想信念，坚定广大高校学生的"四个自信"，从而确保高校学生能够以正确的思想看待中国特色社会主义发展之路，以高度正确的政治意识、大局意识、核心意识、看齐意识开启中国特色社会主义建设的新篇章，这也正是对高校思想政治理论课思想工作的深度解读。

但是，真正确保高校思想政治理论课实现该教育目的必须要有强大的促进条件作为支撑，回首过去和展望未来则是两个最基本的条件所在。回首过去就要有真实而又有效的史料作为依据，展望未来则要从史料记载中不断汲取丰富的经验与教训，从而帮助学生在内心深处和头脑之中能够针对中国特色社会主义未来发展做出客观、理性的判断，最终形成科学的自我决策，引导广大高校学生真正成为谱写中国特色社会主义现代化建设新篇章的主体，不断为之付出努力和奋斗。这显然也是新时代赋予高校思想政治理论课建设与发展的新使命，更是全面做到提质增效的重要推手所在。

通过本节的观点论述可以看出，随着我国全面开启新时代中国特色社会主义现代化强国之路，高等教育人才的高质量发展也提到新高度，坚定的理想信念以及正确的观念与意识成为衡量高校学生的重要指标。高校思想政治理论课作为全面引领广大高校学生理想信念和观念与意识的重要载体，自然要承担新的任务和使命。在此期间，无论是在高校思想政治理论课的目的层面，还是在内容与方法层面都需要不断进行深入的探索与实践，因此将"四史"有效融入其中势在必行。

第二节 "四史"融入高校思想政治理论课的可行性

从"四史"的内涵角度出发，主要涵盖的内容包括党和国家在社会主义发展道路中的探索与实践，记录其取得的成功和教训，所以在中国特色社会主义发展道路中，有着极为明显的历史警示、历史启发、历史导向作用。其融入高校思想政治理论课的可行性条件具体如图2-5所示。

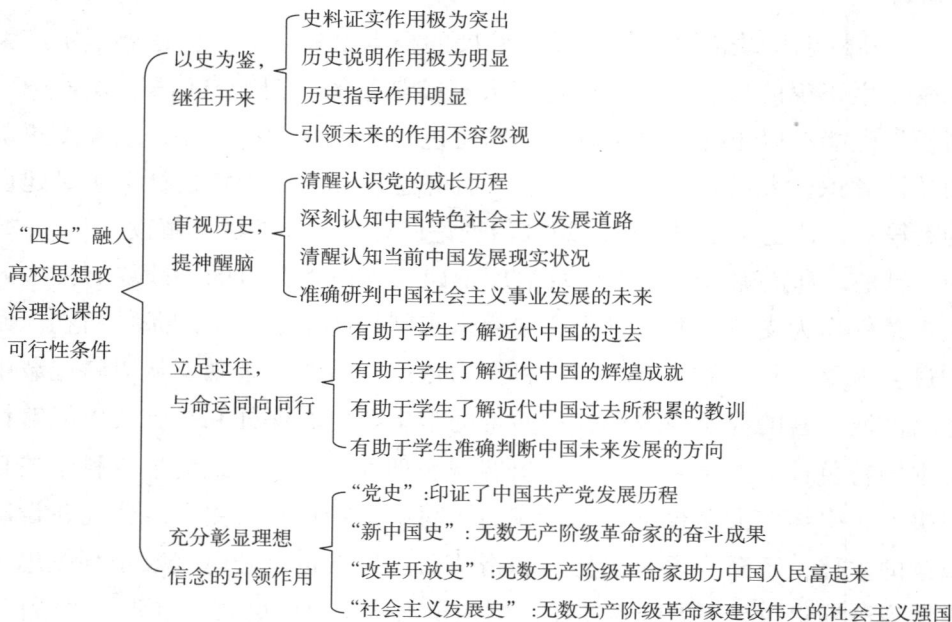

图2-5 "四史"融入高校思想政治理论课所具备的可行性条件

"四史"有效融入高校思想政治理论课具备诸多先天优势条件，而这些条件也是"四史"促进高校思想政治理论课更好地发挥育人作用的有利因素所在。但不可否认的是，高校思想政治理论课建设与发展在新时代背景之下要面对更加严峻的挑战，让学生深刻认知中国特色社会主义未来建设与发展无疑是一项新的使命，尊重中国近代发展的历史，借鉴其成功经验，吸取其教训是至关重要的前提。为此，将"四史"融入高校思想政治理论课具有极强的可行性。

一、高校思想政治理论课只有以史为鉴才能继往开来

高校思想政治理论课建设与发展之路中，想实现全面提升就必须颠覆固有思路，强调将具有启发性和导向性作用的材料充分融入其中，由此确保高校思想政治课不仅能审视当下，更能放眼未来发展。为此，"四史"的有效融入完全可以让高校思想政治课更加具有历史启发作用和历史导向作用，引导广大高校学生始终保持以史为鉴继往开来的姿态投身祖国社会主义事业发展中去，实现自身的价值最大化。

（一）"四史"在新时代高校思想政治理论课教育教学活动中具有史料证实的作用

高校思想政治理论课建设随着时代发展脚步的加快不断提出了新目标，其中不仅要求当代高校学生在知识与技能上，要掌握并内化相关的理论基础，更要在核心素养上得到全面增强，在"四个意识"和"四个自信"方面有着深刻的认知，并能将其在各项实践活动中加以内化和外显[1]。

针对于此，通过真实的史料记载让广大高校学生能够深刻认识中国共产党领导下的中国人民，在近代历史中所开创出的一系列惊人壮举，并且所积累的成功经验和丰富教训让当今时代的中国在发展道路中有了充足的资本。作为新时代的一员，在全面建设中国特色社会主义现代化强国道路中依然要铭记历史、感恩过去，根据历史事件所积累的成功经验和教训审视未来，由此才能成就党和国家未来的发展。这是新时代高校学生思想观念、价值观念、道德观念的集中体现，而"四史"在高校思想政治理论课建设与发展中发挥了史料证实作用，这足可以反映出将其融入的可行性。

（二）"四史"在新时代高校思想政治理论课教育教学活动中具有历史说明作用

"四史"作为记录党和国家在社会主义发展道路上最真实的过往，承载

---

[1] 魏秀兰. 当代大学生"四个自信"认同教育的意义和路径选择：基于思想政治理论课教学视角 [J]. 佳木斯大学社会科学学报，2021，39（3）：95-97.

启示后人不忘初心、砥砺前行的重要使命，因此其在中国当代乃至未来发展道路中都弥足珍贵①。新时代的高校学生承载着祖国的未来，是中国实现"两个一百年"伟大目标的核心动力，所以让其始终不忘初心、牢记使命、砥砺前行自然是新时代赋予高等教育的一项重要历史使命。

高校思想政治理论课作为塑造高校学生思想观念、价值观念、道德观念的重要载体，科学合理地利用现有的资源开展教育教学活动是关键所在。"四史"作为真实记录党和国家在社会主义发展道路中前行经过的真实史料，其心路历程更是将党和国家在发展道路中的初心充分说明。为此，将其作为新时代高校思想政治理论课建设与发展的重要组成部分，让高校思想政治理论课相关的理论观念能够得到更为真实的历史说明，势必会促进历史使命的高质量完成，从而助力新时代中国"两个一百年"伟大目标的全面实现。

（三）"四史"在新时代高校思想政治理论课教育教学活动中具有历史导向作用

中国特色社会主义的出现是对世界社会主义发展的一种颠覆，"中国特色"贯穿于社会主义市场经济、社会主义先进文化、社会主义和谐社会、社会主义生态文明建设之中。

然而，中国特色社会主义道路的出现是努力开创之后所获得的理想成果，无数无产阶级革命者为之付出了不懈的努力。在此期间，根据中国社会主义发展道路中的具体情况，工业、农业、国防、科学技术发展等领域提出了伟大的构想，并且在实践中不断总结并吸取经验和教训，始终保持用实践去验证理论，用实践成果不断地进行优化和改革，最终成就了近代中国各个阶段的发展。高校思想政治理论课建设与发展中，让学生明确社会主义理论与社会主义实践所取得的成果是一项基本任务，"四史"作为记录党和国家在社会主义事业建设与发展具体事件和活动的书籍，将其作为重要的课程教学材料运用到教学活动之中，必然会让新时代高校思想政治

---

① 李雅兴，姚功武．习近平关于办好思想政治理论课重要论述的内在逻辑 [J]．思想理论教育导刊，2020（4）：33—38．

理论课教学更加具有历史导向作用。

（四）"四史"在新时代高校思想政治理论课教育教学活动中具有引领未来的作用

在《旧唐书·魏徵传》中，向人们揭示了"以古为鉴，可以知兴替"的道理，充分说明一个国家、一个民族在谋求发展的道路中，必须要深刻了解并解读其历史，从历史中获得经验和规律，从而判定未来的发展。新时代背景下的中国正处于实现中华民族伟大复兴的阶段，未来发展始终要以全面实现这一目标为根本任务[①]。对此，明确了目标和任务就必须深刻了解其历史。"四史"中记录了党和国家在带领全国人民探索社会主义发展道路，并且不断实现开拓创新的心路历程，每个阶段所取得的成功都必然存在规律和特征，同时也诠释着成功的经验和教训，将其作为指导必然能够确保未来发展的方向高度准确。高校思想政治理论课作为促进高校学生明确社会主义理论体系、客观找出事物发展规律、以客观的视角明确发展过程和结果、针对未来发展做出正确判定的基础课程，将"四史"有效融入其中必然会对新时代高校学生思想、价值、道德、历史观念起到更好的引领作用，进而让思想政治理论课教育教学活动更具引领未来的作用，由此可见"四史"有效融入新时代高校思想政治理论课可行性极为明显。

二、高校思想政治理论课促使学生审视历史，提神醒脑

清醒的头脑是有效解决任何问题的基础。党和国家治国理政亦是如此，高校学生面对新时代的发展真正发挥出应有的作用和价值更是如此。高校思想政治理论课教育教学工作的主要任务就是助力高校学生成为一名合格的社会主义建设者，所以在新时代背景之下教育教学活动更要让学生始终能够保持清醒的头脑，"四史"的有效融入可以促进高校思想政治理论课将该作用最大程度发挥出来。

---

① 　刘畅然，张锋，韦雪琼. 论思想政治理论课教育对推进改革开放理论的重要平台作用：以思想政治理论课课程设置方案四次大调整为例 [J]. 党史文苑，2010（16）：65-68.

（一）让新时代高校学生对党的成长历程有着清醒的认识

在任何时代背景下，中国的发展始终离不开中国共产党的领导，其原因在于中国共产党治国理政的理念是将马克思主义基本原理同中国革命实际相结合，时刻以可持续和又好又快发展的眼光为中国特色社会主义发展指明方向，以此确保中国共产党领导下的国家与人民始终走在强国之路上，为实现中华民族伟大复兴的中国梦不断努力奋斗。"党史"将这些具有重大历史意义或转折性的历史事件完整记录了下来，为各个历史阶段国家、民族、社会、人民的发展与进步提供了重要启发作用。高校思想政治理论课作为全面深化高校学生了解中国共产党、深刻认知中国共产党治国理政思想与理念、强化学生"四个自信"的重要平台，将"四史"中的相关内容加以深度融合，必然会让新时代高校学生在党的成长历程方面有着清醒的认识，从而高度建立"听党的号召""跟党走"的意识，在无形中帮助高校学生树立并坚定正确的理想信念，确保高校学生真正成为新时代中国特色社会主义现代化强国建设的栋梁之材。

（二）确保新时代高校学生对中国特色社会主义发展道路有深刻认知

只有社会主义道路适合中国，也只有社会主义道路才能发展中国，我国在运用马克思主义思想和方法论在实践中进行社会主义道路探索时，并不是直接照搬其他国家具体的做法，而是深度结合中国在各个发展阶段的实际情况，将马克思主义理论思想和方法论进行灵活运用，进而形成了中国特色社会主义发展之路。在此期间，"新中国史""改革开放史""社会主义发展史"中都将这些具有代表性的大事件记录了下来。高校思想政治理论课作为全面确保高校学生深刻认知中国特色社会主义道路和发展的教育平台，将"四史"中的相关内容有效融入进去，通过史料证实的方式，让学生能够深入理解马克思主义思想和方法论在中国的灵活运用，确保学生在理论层面和实践层面都能对中国特色社会主义发展道路有着深刻认知，进而全面提升新时代高校思想政治理论课教育教学工作的实效性。

（三）确保新时代大学生对中国当前发展现实状况有清醒认知

结合当前高校思想政治理论课的课程设置情况，不难发现"形势与政策"课程作为其重要的组成部分，主要向学生传递的就是当前中国特色社会主义道路建设与发展的大环境，同时有哪些举世瞩目的成果相继出现，以此来帮助学生树立高度的道路自信，让学生认识社会主义制度的优越感。

但不可否认的是，当今时代中国特色社会主义发展所面临的新形势，以及党和国家所营造出的政策环境是基于历史积淀基础之上，如果没有丰富的历史经验和教训的积累，中国特色社会主义发展的可持续性必然会受到严重威胁。针对于此，在中国特色社会主义事业揭开历史发展新篇章之际，必须做到有效进行追根溯源，让学生能够深刻感知中国特色社会主义从何而来、经历了怎样的发展过程、取得了哪些令世人瞩目的成果，汲取了怎样的经验与教训，这些内容在"四史"之中都有清晰的记录，将其融入高校思想政治理论课之中，不仅可以让学生认识事物的发展都伴有客观规律存在，还可以借鉴历史清醒认知中国当前发展的实际情况。

（四）促进新时代高校学生对中国未来发展方向有客观判断

党的十九大胜利召开向全世界传递了一个重要的讯号，即中国特色社会主义事业建设与发展进入历史新阶段，也就是说当今时代的中国已经开启了新时代中国特色社会主义现代化强国建设新征程，为实现中华民族伟大复兴的中国不懈奋斗。

然而，确保未来的发展取得成功必须要有历史的经验教训作为指导，对其加以借鉴可以避免未来的发展走弯路，故而"四史"恰恰能够有效发挥出这一作用。高校思想政治理论课作为让学生以辩证唯物主义的视角看待世界发展并从中找出其规律，同时对我国未来发展做出客观判断的基础课程，将"四史"有效融入高校思想政治理论课必然会促进广大高校学生以客观的视角放眼未来，判断新时代中国未来的发展方向，从中找到自身在知识与技能、能力与素养方面应该进行怎样的完善，助力学生真正成为新时代中国特色社会主义现代化强国建设中的合格一员。

三、高校思想政治理论课与中国命运同向同行

公民作为民族构成中的最小个体，每个最小个体都贡献出自己的一份力量，那么民族就会具有极大地发展动力，国家的建设与发展必然会呈现

出良好态势。对此，高校学生作为新时代中国特色社会主义现代化强国建设的主力军，又是最小个体，依托"四史"的作用确保高校思想政治理论课真正实现与中国命运同向同行就成为关键中的关键，"四史"在高校思想政治理论课中的作用体现如图 2-6 所示。

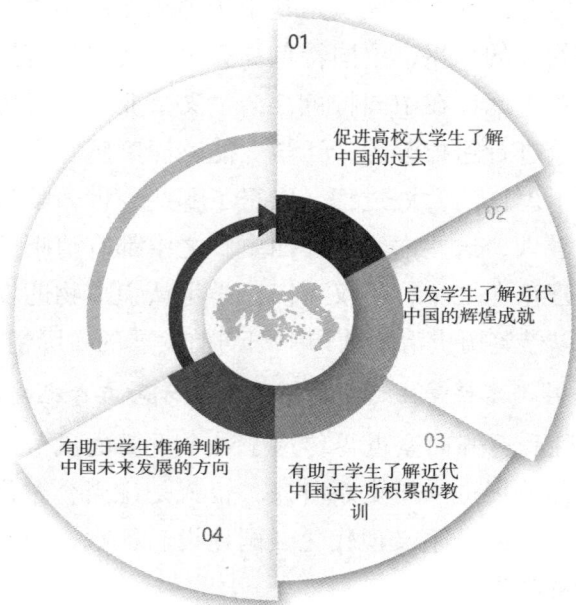

图 2-6　"四史"在高校思想政治理论课中的作用体现

高校学生作为新时代中国特色社会主义现代化强国建设的中坚力量，每一位高校学生都以饱满的热情投身于祖国未来社会主义事业建设之中，那么必然会加快其建设的脚步和提高建设的质量。这也正是新时代高校思想政治理论课建设与发展所肩负的一项重要使命，"四史"记录的历史事件不仅具有启发性，同时也有极为明显的历史导向性，将其作为课程建设的重要组成部分会让高校思想政治理论课真正实现与中国命运同向同行，助力新时代高校高质量人才的全面培养。

（一）"四史"的历史事件记录有助于学生了解近代中国的过去

近代中国的过去可以说是一段觉醒的过程、奋斗的过程、发展的过程，更是由弱小到强大的过程。中国共产党的诞生与发展壮大正是近代中国发展的历史起点，国家和人民在发展道路中所付出的一系列努力，是近代中国发展的动力所在，"四史"诠释着近代中国的各种过去。

高校思想政治理论课的建设与发展始终以让学生更好地认识、理解、接受近代中国的过去，并且能够对中国未来的发展坚定信心为中心，前者作为基础，后者则是"上层建筑"所在，"四史"的有效融入能够更好地解决这一问题，这也充分说明了融入的可行性。另外，再从时代发展的角度分析高校思想政治理论课所肩负的主要任务，不难发现引导高校学生正确树立"四个意识"，坚定"四个自信"是必须面对的新挑战，了解近代中国的过去是前提与基础，这也进一步说明"四史"有效融入高校思想政治理论课的可行性。

（二）"四史"的历史事件启发性有助于学生了解近代中国的辉煌成就

近代中国所取得的国家成就和民族成就完全可以用"辉煌"二字来形容，中国共产党的诞生是开天辟地的大事件，带领全国人民建立起伟大的中华人民共和国更是举世瞩目，在社会主义发展道路中所经历的艰难险阻和收获的成功喜悦更是无时无刻不在激励着全国人民，让中国完成从站起来向富起来，再到强起来阶段的过渡。

面对未来的发展，新时代的中国必然还要披荆斩棘迎接更多的挑战，与全世界一同建立起"人类命运共同体"，这不仅是所要迎接的挑战，更是中国在全世界履行大国责任和大国担当的重要体现。这是中国未来发展的命运所在，更是全国人民不断为之努力奋斗的目标所在。高校思想政治理论课建设与发展要让广大高校学生了解近代中国所取得的辉煌成就，坚定其投身社会主义事业的信心，"四史"中记录的真实历史事件不仅具有极为明显的启发性，还能够帮助广大高校学生在新时代坚定投身社会主义事业建设与发展的信心，让其感受到中国未来发展的命运。所以，这也进一步说明将"四史"有效融入高校思想政治理论课具有可行性。

（三）"四史"的历史事件启发性有助于学生了解近代中国积累的宝贵经验和教训

正如鲁迅先生在《故乡》中说过的一句话："世上本没有路，走的人多了，也便成了路。"中国共产党在探索社会主义发展道路的过程中，将理论和实践相结合，经过无数次的探索最终找出一条与中国实际发展情况高度适应的中国特色社会主义道路。在此期间，无数先烈在探索这一条道路中付出了巨大的代价，这些代价都是影响中国未来发展的宝贵经验。

正因如此，宝贵的教训与成功经验同样可贵，能够为中国特色社会主义发展起到警示的作用，"四史"更是将这些宝贵的经验教训完完整整记录下来。高校思想政治理论课建设与发展的根本任务在于让学生了解党、了解国家、了解社会主义、了解改革开放及具有历史性和转折意义的重大历史事件，从中明确相关理论基础在实践中的指导作用，进而达到引领高校学生思想、价值、道德观念的最终目的，"四史"所记录下来的真实历史事件具有极为强烈的启发性，能够助力高校思想政治理论课建设与发展更好地完成这一使命，因此将其有效融入是明智之举。

（四）"四史"的历史事件导向性有助于学生客观判定自身在未来发展中的努力方向

一个伟大的国家必然要有一个伟大的政党，一个伟大的政党必然要有一部伟大的历史，一部伟大的历史必然由国家和人民共同去创造，由此才能始终不忘初心，砥砺前行。高校思想政治理论课建设与发展的基本要务极为明确，就是要让学生思想观念、价值观念、道德观念得到正确引领，其间不仅理论知识所发挥的启发作用至关重要，实践证明更为重要。

对此，真实的历史事件高度具备这一作用，不仅能够让学生感受到近代中国在发展道路中所取得的各项成就和丰功伟业，更能从中体会到所积累的深刻教训，更是帮助近代中国实现发展的重要保证，以此为基础能够为中国未来发展提供重要的历史导向作用。因此，在高校思想政治理论课建设与发展道路中，将"四史"有效融入极为可行，有助于学生根据近代中国的发展历程，准确判断未来发展的方向所在，同时也能客观判定自己在未来发展中的努力方向，推动广大高校学生未来发展始终与中国命运同向同行。

四、进一步彰显高校思想政治理论课理想信念的引领作用

从高校思想政治理论课教育教学的根本任务角度出发，引导并启发广大高校学生理想信念，并助力其各项事务始终围绕理想信念全面开展是基本任务之一。在此期间，通过理论与实践的方式来进行效果最为明显。理论方面显然要将高校思想政治课程相关理论作为基础，实践方面显然要用真实而又具有说服力的案例作为重要支撑，由此方可达到高校思想政治理论课全面引领高校学生理想信念的目的，"四史"的融入自然极为可行。

（一）"党史"：印证了中国共产党自诞生到发展壮大的过程中始终坚定理想信念

中国共产党自诞生以来，已经历了100余年的发展之路，其过程不仅是一部奋斗史，更是一部发展史，奋斗与发展的道路中，无数无产阶级革命家用自己的青春和生命去谱写中国共产党发展的光辉历程，让诸多有历史转折意义的革命大事件成就着中国过去、现在、未来的发展。

其中，奉献青春和生命是无数无产阶级革命家践行自己党性原则和理想信念的重要体现，"舍生取义"远远不能概括其伟大壮举，"英勇就义"显然是最为深刻的诠释。在新时代背景之下的中国特色社会主义现代化强国建设之路中，虽然已经没有了战火硝烟，但依然需要有更多的高质量人才以大无畏的精神，以及远大的理想抱负投身到建设中去，坚定的理想信念显然是最为基本的要求。高校思想政治理论课作为引领高校学生正确树立并高度坚定自身理想信念的重要载体，将"党史"有效融入可以促进新时代高校思想政治理论课建设与发展，助力高校思想政治理论教育教学活动更好地引导和启发学生树立并坚定理想信念。

（二）"新中国史"：无数无产阶级革命家用坚定的理想信念为祖国建设奉献终身

中华人民共和国自成立到今天，已经历了70余年的发展历程，"白手起家""艰苦奋斗"是中华人民共和国在建设阶段最为真实的写照和缩影，让全世界看到了中国共产党领导下的中国人民可以战胜一切困难，在困难中求生存、在困难中求发展、在困难中砥砺前行更是中华人民共和国建设阶段所体现出的基本特征，无数无产阶级革命家为之付出了青春，呕心沥血甚至付出了生命的代价，如中国第一颗原子弹的成功试爆、中国第一颗氢弹的成功研制、中国第一颗人造卫星成功上天等。

这些成就和惊人的壮举显然都是以坚定的理想信念作为支撑，更是党和全国人民在历史各个发展阶段迎接一切挑战和战胜一切困难的法宝所在。高校思想政治理论课作为全面引导当代高校学生正确树立理想信念的主要平台，让广大高校学生深刻知晓在中华人民共和国建设阶段所取得的丰功伟绩的根本前提，就是全国人民共同拥有坚定的理想信念，所以将"新中国史"有效融入高校思想政治理论课是极为可行的，能够在广大高校学生树立起为新时代中国特色社会主义发展奉献终身的意识方面发挥出强有力的促进作用。

（三）"改革开放史"：无数无产阶级革命家用坚定的理想信念让全国人民富起来

从当今中国发展所取得的一系列成就来看，其普遍源自于一项伟大的历史决策，即改革开放。众所周知，作为一项伟大的经济政策，在中国共产党的正确领导下，改革开放为全中国送来了新的经济发展模式，真正使中国人民从站起来进入富起来的阶段，生产技术的进步更是加快了中国社会发展的步伐，最终也成就了当今中国的发展，更为未来中国的发展奠定坚实的基础。在此期间，无数无产阶级革命家投身祖国经济建设，并且取得了一个个跨越式大发展的伟大成就。其间，坚定的理想信念显然是每一位无产阶级革命家的精神动力，在实践中不断探索、不断革新、不断深化让全国人民富起来不再是一句口号。高校思想政治理论课作为全面引导和启发大学生正确树立并始终坚定理想信念的重要教育载体，将"改革开放史"有效融入课程建设与发展的实践中具有极为明显的可行性，有助于新时代高校学生进一步深刻认知带领全国人民共同追求美好生活的责任与使命。

（四）"社会主义发展史"：无数无产阶级革命家用坚定的理想信念将中国建设为新时代中国特色社会主义现代化强国

中国特色社会主义发展道路的形成，其根源在于新时代中国共产党将马克思主义普遍真理结合国情进行总结，并且根据中国社会主义工业、农业、国防、科技等多领域发展的特点，将成功经验进行全面总结，同时立足未来发展的角度提出了中国特色社会主义理论体系，努力将中国建设成为富强民主文明和谐美丽的社会主义现代化强国。无数无产阶级革命家在各领域的研发与实践、生产与制造、创新与发展道路中奉献着青春，贡献自己的力量，这些力量的源泉都是坚定地理想信念。对此，高校思想政治理论课作为全面引导高校学生树立并坚定理想信念的主要载体，将"社会主义发展史"有效融入课程建设与发展的道路之中，并将其在实践中科学合理地运用，势必会发挥出启发学生坚定自身理想信念的作用，促使其为全面建设新时代中国特色社会主义现代化强国贡献自己的一份力量。

综合本节所论述的观点，可以看出新时代背景下高校思想政治理论课建设与发展想要做到全面满足时代发展要求，为新时代中国特色社会主义现代化强国建设培养出高质量人才，就必须对课程做出战略性调整。由于"四史"所记录的真实历史事件能够为新时代高校学生带来深层次的启发和导向作用，所以将其有效融入高校思想政治理论课具有极高的可行性。既然可行，那么就说明有效融入的必要性也极为明显，笔者在本章最后一节就立足其必要性做出明确论述。

第三节　"四史"融入高校思想政治理论课的必要性

从时代发展的角度分析，当今时代背景下的中华民族比任何一个历史时期都要接近中华民族伟大复兴，所以对高质量人才的需求更是极为迫切。高校作为高质量人才培养的摇篮，那么在新时代究竟何谓高质量人才？其实答案非常简单，就是不仅具备过硬的专业知识、专业技能、专业素养，同时还具有正确的思想观念、价值观念、道德观念，能够始终秉承正确的理想信念、坚定自己的政治信仰、具有强烈的社会责任意识和家国情怀的高等教育人才①。但是，就其养成教育而言，单纯依靠思想政治理论教材所规定的内容和固有的教学手段方法显然很难达到，需要具备史料记载和史料证实作用的资源作为支撑，并且要确保其资源的充足性。"四史"之所以作为理想的选择，其原因在于"四史"中蕴含着丰富的优秀教育资源，"四史"融入高校思想政治理论课的必要性表达具体如图 2-7 所示。

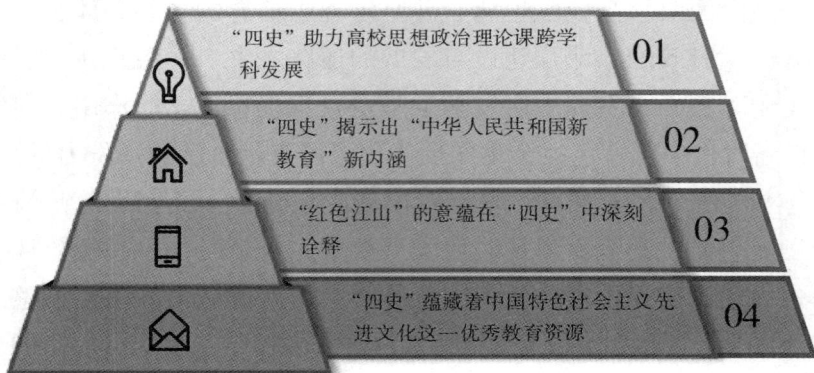

图 2-7 "四史"融入高校思想政治理论课的必要性表达

"四史"中所记录的真实历史事件和历史人物不仅具有历史说明作用，同时还有历史启发和历史导向作用，能够让中国特色社会主义先进文化以最直接的方式表达出来，进而确保高校学生在新时代中国特色社会主义现代化强国建设中，能够将红色基因和文化先进性永续传承下去。因此，将"四史"融入高校思想政治理论课极为必要。

一、"四史"蕴藏高校思想政治理论课"优秀教育资源"

教育资源是否具有引导性、启发性、说明性直接关乎学生能否从课堂中获得更多的启示，高校思想政治理论课也是如此，"四史"的融入可以达到更好的效果。其原因在于"四史"所记录的内容是以时间轴的形式出现，并且可以满足高校思想政治理论课教学目标、教学内容、教学手段发展的

---

① 王桂花.百年党史强化思想政治理论课育人实效的路径与要件[J].廊坊师范学院学报(社会科学版)，2021，37（4）：110-115.

需要，能够促进学生更好地形成知识理解、接受、掌握、内化，推动其思想、价值、道德观念正确形成的同时，还能促进学生历史观念的有效形成。因此，"四史"必然可以称之为高校思想政治理论课的"优秀教育资源"。

（一）中国特色社会主义先进文化贯穿"四史"之中

早在 1997 年党的十五大政府工作报告中，"中国特色社会主义先进文化"就已经被全面提出，并且针对其内涵加以高度明确，指的就是以马克思主义为知道，以培育有理想、有道德、有文化、有纪律的公民为目标，发展面向现代化、面向世界、面向未来的民族的、科学的、大众的社会主义文化总称。

伴随新时代的到来，在党的十九大政府工作报告中，明确中国特色社会主义思想，进一步加深了文化底蕴，强调民族文化自信和文化自豪感的全面注入，促进中国特色社会主义文化的繁荣昌盛。在此期间，中华优秀传统文化和党在各个历史阶段所取得的实践经验作为中国特色社会主义先进文化的基本构成，时刻引领着国家、民族、社会、人民的发展。纵观中国共产党、中华人民共和国、改革开放、社会主义发展阶段所经历的心路历程，党和国家带领全国人民的实践探索过程显然都在诠释中国特色社会主义先进文化，"四史"无疑将其点点滴滴完整地记录下来，所以中国特色社会主义先进文化贯穿"四史"之中，将其融入高校思想政治理论课必然会使课程拥有更多"优秀教育资源"。

（二）中国共产党百余年历史发展的点点滴滴汇聚"四史"之中

2021 年正值中国共产党的百年华诞，现在则跨过百年，回顾这百余年走过的心路历程，风风雨雨中迎来了中华人民共和国成立、改革开放、可持续发展等开天辟地大事件，为国家谋富强、民族谋复兴、人民谋幸福无时无刻不作为中国共产党的重要使命，不仅建立了丰功伟绩、做出了卓越贡献，同时还积累了丰富的经验与教训。

新时代高校学生作为中国特色社会主义现代化强国建设之路的栋梁之材，引导和启发高校学生借鉴历史经验，汲取历史教训必然会助力中国特色社会主义事业卓越发展。其间，中国共产党百余年历史发展的点点滴滴汇聚于"四史"之中，将其作为高校学生思想政治教育的基本素材，必然会确保新时代高校学生借助前人所栽树木让中国特色社会主义事业发展变成一片广袤的森林。这也正是"四史"在新时代高校思想政治理论课建设与发展道路中，充分发挥资源优势的具体呈现，也是新时代高校思想政治理论课全面提升课程品质的重要切口所在。

（三）"全心全意为人民服务"的精神引领高校学生自强不息

"全心全意为人民服务"作为中国共产党治国理政的根本宗旨，更是初心使命之所在，其内涵主要体现在生产力是社会发展的决定性因素，而人民群众则是创造历史的动力因素，创造历史的过程自然是生产力发展的过程，所以全心全意为人民服务能够推动社会发展，开创出具有中国特色的美好未来。

正因如此，无论是在"党史""新中国史""改革开放史"，还是在"社会主义发展史"中，每一件重要历史事件都能体现出中国共产党"全心全意为人民服务"的理念，进而在中国近代不同的社会发展阶段带领中国人民取得了一个又一个成功。高校思想政治理论课就是要让学生始终坚定理想信念，以正确的思想观念、价值观念、道德观念投身祖国建设与发展，用"为人民服务"精神引领高校学生在各个时代自强不息，所以带领学生回顾"四史"必然有着重要的意义，更能诠释"四史"融入新时代高校思想政治理论课的必要性。

（四）厘清历史脉络有助于高校学生不忘初心、牢记使命

从"四史"的内涵角度出发，其记录的内容是近代中国发展之过往，解读"四史"之中的内容，可以让人们感受到党和国家一步步走来，再到一步步发展，最终呈现出美好的未来。

但是，中国共产党和全国人民规划的美好未来并不只是憧憬和向往，最终必须将其实现，在"两个一百年"奋斗目标中，已经明确指出到中华人民共和国成立100周年之际，中国必将建设成为社会主义现代化强国。可是，美好未来的实现并非一蹴而就，需要有坚韧不拔的奋斗精神、顽强不屈的意志品质、坚定不移的理想信念作为支撑，这些在"四史"之中已

经完全做出了诠释，高校思想政治理论课作为全面强化高校学生奋斗精神、意志品质、理想信念、社会责任的重要载体，将"四史"有效融入新时代思想政治理论课之中，显然可以让学生在厘清历史脉络的同时，能够不忘初心、牢记使命，全面增强新时代高校学生思想、价值、道德、历史观念。

二、"四史"深刻诠释"红色江山"的意蕴

正所谓"红色江山美如画"，其中的"美"是用鲜血所著，将其永久地传承下去是当今时代每一位中国人必须肩负的一项历史使命。高校思想政治理论课作为坚定高校学生政治思想、理想信念、社会责任、家国情怀的重要教育载体，让"红色江山"所孕育出的"美"永久传承下去，自然成为高校思想政治理论课必须完成的一项历史使命，而这也正体现出"四史"融入高校思想政治理论课的必要性。

（一）"红色江山"的寓意解读

所谓"红色江山"，通常是指社会主义国家或者无产阶级政权，其实质就是用红色文化去装饰国家，彰显社会主义固有的特色。具体而言，"红色"代表"血液"或"鲜血"，"红色江山"是指无数革命先烈用鲜血染红了祖国大地，不仅是红色政权的一种象征，更是红色血液永流淌的重要说明。

中国特色社会主义先进文化与红色文化密不可分，无数无产阶级革命先烈在不同阶段不断为之付出努力，用鲜血染红了一条建设与发展之路，这条道路更是一直延续至今，并且在未来发展道路中还会永续。这就意味着红色血液在中国大地将永远流淌，高等教育人才必须成为红色血液的继承人，确保祖国"红色江山"的建设与发展永葆青春的同时，为中国特色社会主义事业的发展源源不断地注入鲜活动力，让伟大的中国特色社会主义、伟大的中国共产党、伟大的中华民族散发青春与朝气。

（二）"四史"关于"红色江山"的诠释

"四史"作为记录中国共产党带领中国人民在中国近代不同发展阶段艰苦奋斗的历史性著作，是党和人民在探索社会主义可持续发展道路的心路历程。

纵观"党史""新中国史""改革开放史""社会主义发展史"，不难发现中国共产党自诞生之日起就承担着极为艰巨的民族使命，带领全国人民在社会主义道路不断开拓进取，从而形成了一部部具有历史成就的中国近代社会发展史。自中华人民共和国建立之后，标志着中国人民在近代中国历史中真正站立起来，随着改革开放战略部署的全面实施，标志着中国人民踏上富足之路，各项成就让中国大地旧貌换新颜，随着中国特色社会主义理论的全面提出，意味着中国进入崭新的发展阶段，实现中华民族的伟大复兴成为全国人民共同努力的目标。这条时间轴无疑向人们阐明中国共产党带领全国人民，始终秉承不畏艰险、迎难而上的精神，这也是红色基因不断延续、红色血液永流淌最为直接的证明。所以，"四史"见证着"红色江山"建立与发展的过程。

（三）高校思想政治理论课与"红色江山"之间的联系

虽然高校思想政治理论课在近代中国各个阶段所承担的重任有所不同，但是责任与使命却始终未发生改变，都是为高校学生思想、价值、道德观念的正确形成而服务，并且充分发挥着引领作用。

面对已经开启的新时代，高校思想政治理论课必须要明确为谁培养人、培养怎样的人、怎样培养人三个问题，从而确保高校学生成为思想过硬、作风优良、专业知识与技能扎实、保障中国特色社会主义事业发展的社会主义建设者。对此，让学生能够感知中国近代社会无产阶级革命者在探索和建设社会主义道路所付出的艰辛与代价就成为必要条件，让历史真实事件的引导和启发作用促进学生思想、价值、道德观念的养成就成为最有力的抓手。因此，"红色江山"建设与发展之路必然成为新时代高校思想政治理论课建设与发展不可或缺的部分，这也充分说明二者之间存在极为紧密的联系。

三、"四史"揭示出"中华人民共和国新教育"新内涵

中国特色社会主义理论和中国特色先进文化始终引领着中国的时代发展，随着新时代的到来，其理论与文化的引领作用必将进一步呈现，让中国特色社会主义事业发展拥有明确的方向。基于此，高校学生作为助力新

时代中国特色社会主义事业腾飞的核心力量，全面了解中国特色社会主义理论和先进文化自然成为高等教育发展的重要要求。"四史"显然能够助力高校高等教育达到这一目标，高校思想政治理论课建设与发展更是如此。其助力作用的主要体现如图2-8所示。

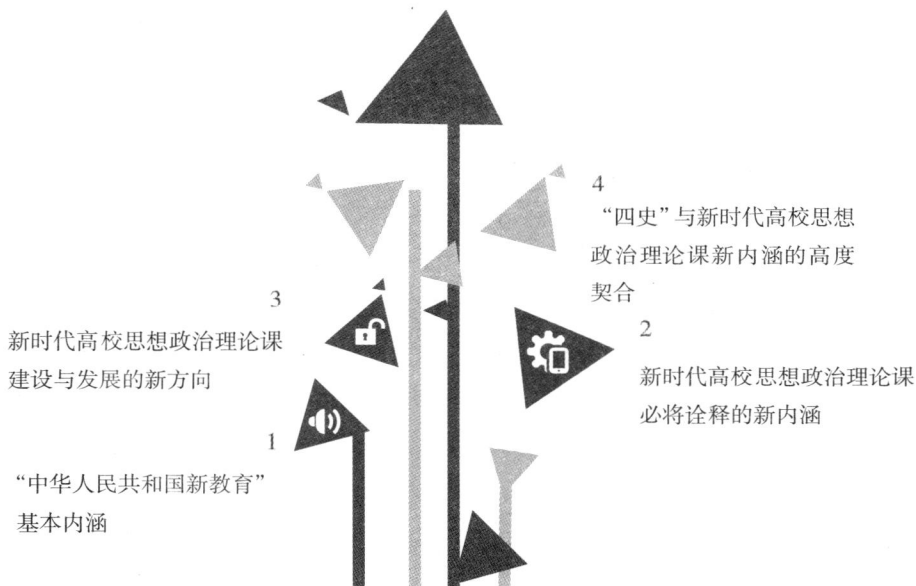

4
"四史"与新时代高校思想政治理论课新内涵的高度契合

2
新时代高校思想政治理论课必将诠释的新内涵

3
新时代高校思想政治理论课建设与发展的新方向

1
"中华人民共和国新教育"基本内涵

图2-8 "四史"助力高校思想政治理论课解读"中华人民共和国新教育"新内涵的作用

高校思想政治理论课程建设与发展必须高度契合国家在时代发展背景下所提出的新目标与新要求。在新时代背景下，我国高等教育已经明确"中华人民共和国新教育"的新内涵，高校思想政治理论课作为高校课程体系的重要组成部分，在高校高质量人才培养道路中肩负着重要任务。为此，借助优秀教育资源深入解读"中华人民共和国新教育"新内涵，就成为全面提升课程品质的关键。在此期间，自然需要广大教师将党和国家发展的光辉历程传递给广大高校学生，高校思想政治理论课作为引导广大高校学生正确树立思想、价值、道德观念的重要载体，向学生明确党和国家发展的光辉历程必然成为一项新的重要任务，同时也充分诠释着"中华人民共和国新教育"的新内涵。

（一）"中华人民共和国新教育"基本内涵

2018 和 2019 年，中国分别迎来了改革开放 40 周年和中华人民共和国成立 70 周年，回首这段岁月中国无论是在经济、文化领域，还是在科技、教育领域都走过了辉煌的发展历程，面对中国继往开来的改革开放和中国特色社会主义又好又快发展，"中华人民共和国新教育"的基本内涵也随之进一步呈现出质的飞跃。

经过改革开放的四十余年，中国教育事业的飞速发展不仅体现在教师队伍不断壮大和教学设施不断完善方面，在教育内容上显然也有了质的提升，更深层次地体现出中国特色。面对中国特色社会主义现代化强国的建设与发展，"中华人民共和国新教育"必将实现既注重学生知识与技能的创新与发展，同时还要赋予学生更为坚定的理想信念、更为正确的价值观念和道德观念，让学生真正成为社会主义现代化强国道路中全面发展的人，积极投身祖国新时代社会主义建设浪潮中去，充分发挥出引领时代发展的重要作用。

（二）新时代高校思想政治理论课必将诠释的新内涵

从高校思想政治理论课固有的内涵出发，就是要让广大高校学生坚信党的领导，并且能够用课程理论武装自己的思想，建立正确的价值观念和道德观念，从而保证学生能够用辩证唯物主义的视角看待中国的发展历程和未来发展方向，以极高的热情投入到祖国社会主义事业建设中去。

随着新时代的到来，中国特色社会主义迎来了全新的历史发展时期，在该时期中国各项事业必然会始终处于又好又快发展状态之下，进一步提高广大高校学生坚信党的领导，用历史发展眼光和辩证唯物主义思想看待历史发展规律，从中做出客观而又准确的判断，并最终明确未来发展方向和目标是新时代高校思想政治理论课的主要任务。早在 2019 年全国思想政治理论教师工作会议中，就已经明确"办好中国的事情，关键在党"。让广大高校学生坚信党的领导就要从高校思想政治教育入手。为此，更好地完成新时代赋予高校思想政治理论课的新任务成为新内涵，更是必须肩负的一项时代新使命。

（三）新时代高校思想政治理论课建设与发展的新方向

在我国，"新时代"是指中国特色社会主义新时代。在该时代背景下，社会主义文化、社会主义经济等领域必将明确新的历史方位，揭示着中国特色社会主义发展必然以鲲鹏展翅之势奔向未来。

面对新时代的到来，高校思想政治理论课建设与发展不再局限于高校学生知识与技能的全面深化，更重要的是强调高校学生思想、价值、道德观念的正确形成，并在新时代中国特色社会主义现代化强国之路建设实践中始终坚持下去，以坚定的理想信念、过硬的专业知识与技能开拓出中国特色社会主义事业美好的未来。然而美好的未来是建立在过去和现在基础之上，了解党和国家带领中国人民追求幸福、民族复兴、社会进步、国家富强的过往，显然是开创美好未来的基础。所以，新时代高校思想政治理论课建设与发展必须全面强化近代中国历史走入课程，必须做到历史的启发、导向作用的最大化，由此让高校思想政治理论课成为新时代高校高质量人才培养最为有利的载体。

（四）"四史"与新时代高校思想政治理论课新内涵的契合性

随着时代发展脚步的不断加快，新时代赋予高等教学新的历史使命，并且赋予了高校思想政治理论课新的内涵，明确指出了新的建设与发展方向。那么"四史"与新时代高校思想政治教育新内涵之间存在怎样的契合点，就成为必须深入思考的问题之一，这也是高校思想政治教育在新时代建设与发展道路中准确把握新方向的关键所在。对此，这就需要不断针对"四史"所蕴含的历史价值和高校思想政治理论课所肩负的时代新使命进行深入剖析。具体而言，"四史"所蕴含的历史价值体现在教育人、引导人、启发人三方面，是党和国家带领全国人民站起来、富起来、强起来的心路历程，是全面践行社会主义理论的经验和教训集合，高校思想政治理论课就是要让学生能够用先进的理论思想去建设中国特色社会主义的美好未来，所以在理论与实践相结合方面，"四史"与新时代高校思想政治理论课新内涵之间存在高度的契合性，同时也是前者有效融入后者的必要性又一体现。

四、"四史"助力高校思想政治理论课跨学科发展

"跨学科"发展是课程建设与发展的必然走向，高校思想政治理论课建设与发展之路也不例外。但是，在实践中切实将其转化为现实并非易事，需要有充足的研究与资源条件作为支撑，"四史"的有效融入可以有效发挥出这一重要作用。笔者将"四史"融入高校思想政治理论课对后者跨学科发展所产生的影响直观呈现出来，之后则有针对性地将其影响加以说明，具体如图2-9所示。

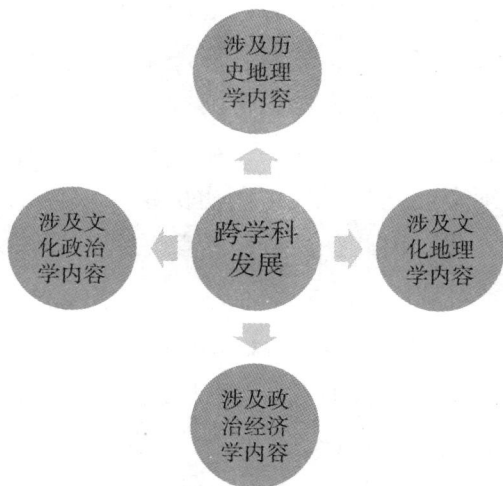

图2-9 "四史"融入对高校思想政治理论课跨学科发展的影响

随着中国特色社会主义新时代的全面开启，社会发展的进程时时刻刻都在颠覆着人们的固有认知，影响社会发展的因素也更加趋于多元化。为此，高校在人才培养的道路中，不仅要让学生以清晰的视角看待社会发展，同时更要有清醒的头脑厘清影响当今乃至未来中国特色社会主义建设与发展的主要因素，而这也为高校思想政治理论课建设与发展提出了更高要求，跨学科发展已是大势所趋，"四史"有效融入高校思想政治理论课必然会推动新时代高校思想政治理论课跨学科发展的进程。接下来笔者就围绕图中所涉及的四方面内容，将其具体作用呈现进行明确阐述。

（一）高校学生在文化政治学方面会有所涉及

文化政治学领域向人们阐述了文化、研究和学科等方面的关系，其内容主要包括互联网的文化政治、现代化、国家安全、人类学、行动主义、艺术、记忆、公共领域等。

在高校思想政治理论课内容体系中，中国特色社会主义理论体系、中国特色社会主义文化、中国特色社会主义经济制度等有关内容与之存在一定得内在联系，并且在"新中国史""改革开放史""社会主义发展史"中，针对中国特色社会主义建设与发展道路所经历的一切进行了详细记录，用历史实践证明中国特色社会主义理论体系、中国特色社会主义文化、中国特色社会主义经济制度有着先进性和优越性。特别是在中国特色社会主义文化发展道路中，明确指出中华优秀传统文化作为中国特色社会主义先进文化的主体，并且要将中国共产党在社会主义建设中的实践经验作为重要组成部分，而这也意味着文化与政治之间存在密不可分的关系，故此将"四史"有效融入高校思想政治理论课势必会涉及文化政治学有关内容，为高校学生跨学科意识的产生起到至关重要的推动作用。

（二）高校学生在政治经济学方面会有深刻的解读

政治经济学作为经济学领域的重要学科，主要研究的对象为社会生产、资本、流通、交换、分配和消费等经济活动、经济关系和经济规律。再从高校思想政治理论课的内容体系构成出发，上述研究对象在高校思想政治理论课中也有着明确的分布，并且在中国近代史纲要、当代世界经济与政治等课程中，上述内容正是课程内容的主体所在。

另外，在"新中国史""改革开放史""社会主义发展史"中的重大历史事件都会对社会生产、资本、流通、交换、分配和消费等经济活动造成一定影响，甚至发生本质层面的改变，所以高校思想政治理论课在向学生传递这些新知识的同时，将"四史"相关历史事件融入其中，用真实的历史实践经验对其加以说明，既能让学生可以更好地掌握社会生产、资本、流通、交换、分配和消费等经济活动，还能促进大学生深入解读中国近代不同发展阶段的经济关系和经济规律。

（三）高校学生在文化地理学方面会有一定的认知

从高校思想政治理论课内容体系构成角度出发，中国特色社会主义文化作为其重要的组成部分，内容的主体向人们诠释文化对现代化建设的巨大作用，既能提高劳动者的思想道德素质，激发劳动者的生产热情，从而为物质文明建设提供精神动力，又能全面提高人的科学素养，为先进生产力的出现提供重要的智力资源。

那么，中国特色社会主义之所以具有中国特色，其根本原因就是党和国家结合中国国情做出具体调整，因为中华大地孕育出素质极高的中华儿女，其他社会主义国家所坚持的理论和思想并不完全适合中国实际国情，所以中国特色社会主义先进文化的提出也在一定程度上反映出地理因素所起到的影响作用。在"改革开放史"中，关于中国特色社会主义理论体系、中国特色社会主义经济制度、中国特色社会主义文化方面的记载能够具体呈现其影响作用，故而将"四史"有效融入高校思想政治理论课，必然会促进高校学生在文化地理学方面产生一定的认知。

（四）高校学生在历史地理学方面会有一定的了解

在广大高校思想政治理论课教师内心之中，普遍会存在"政治的一半是历史"的观点，同时也存在"学好政治学科的根本前提是学好历史"的观点。

其中，从高校思想政治理论课教学的内容出发，中国近代史纲要是课程结构的重要组成部分，课程最主要的内容包括鸦片战争、洋务运动、辛亥革命、从五四运动到中华人民共和国成立等内容，明确指出了为什么资本主义制度不适合中国，只有社会主义才能救中国、发展中国。这些内容不仅阐述了历史原因，同时还受地理因素的影响，"四史"中所记录的历史真实事件具有强有力的说明作用。对此，将"四史"有效融入高校思想政治理论课，必然会促进高校学生在历史地理学方面有一定的了解，从中明确中国的历史、所处地理位置、政治与经济发展三者间所存在的关系。

通过本节的观点阐述，不难看出在新时代背景下的高校思想政治理论课建设与发展道路中，"四史"的有效融入具有极为明显的必要性，其主要原因体现在四个方面，即确保高校思想政治理论课能够拥有极为有效的教育资源、确保"红色江山"在新时代的永续传承、促进高校思想政治理论课真正诠释出新教育的新内涵、推动高校思想政治理论课形成跨学科发展之势。然而，在实践操作中，如何确保"四史"的有效融入则成为必须深度思考与研究的关键环节，有效融入课程目标体系显然要放在首要位置。

第三章 "四史"融入高校思想政治理论课的目标

"四史"有效融入高校思想政治理论课，目的就是要让"四史"所具有的历史说明作用、历史启示作用、历史导向作用得到充分体现，由此带领高校学生增加中国特色社会主义道路自信、理论自信、制度自信、文化自信，确保高校学生真正成为中国特色社会主义事业的合格接班人。因此，这就意味着"四史"融入高校思想政治理论课必须有明确的目标，本章对于明确其目标展开详细说明。

第一节 力求高校学生通过思想政治理论课深入认知党在发展道路上的英雄史

百余年党史主要包含中国共产党历经风雨的四个发展阶段，每个发展阶段都意味着党和国家带领全国人民的奋斗历程，跨过每个发展阶段也都标志着党和国家带领全国人民铸就起时代的丰碑，不仅展现着过去和现在，更揭示着未来。新时代高校思想政治理论课作为全面提升高等教育人才质量水平的重要载体，让学生深入认知党在发展道路上的英雄史显然是重要抓手，而这表达了"四史"融入高校思想政治理论课的基本目标。

一、高校思想政治理论课建设与发展的新理念——同步引领学生思想、价值、道德、历史观念

随着我国全面开启新时代中国特色社会主义现代化强国建设新征程，高校思想政治理论课的改革也随之深化，以此保证高校人才培养始终与时代发展背景下的人才需求相吻合。其中，最为明显的表现是高校思想政治理论课程建设与发展的理念创新，即高校学生思想、价值、道德、历史观念的同步引领，而这也正是"四史"融入高校思想政治理论课的基础目标[1]。具体而言，主要包括以下三方面。

---

[1] 宋学勤，罗丁紫．论"四史"教育融入大中小学思想政治理论课一体化建设 [J]．思想教育研究，2021（3）：73-79．

（一）引领学生思想、价值、道德、历史观念的必修课

所谓的"必修课"，指的就是学生必须学习的课程，通常包括公共课、基础课和专业课。高校思想政治理论课就是高校学生的一门必修课，开设该必修课的目的就是要让学生深刻认知"中国共产党为什么能""马克思主义为什么行""中国特色社会主义为什么好"，从而引导学生树立并坚定正确的理想信念、民族使命、社会责任和家国情怀，以辩证唯物主义视角客观看待时代历史发展规律，从中理解中国特色社会主义前进方向，并明确未来发展的取向。这是思想观念、价值观念、道德观念正确树立的重要标志，也是高校思想政治理论课建设与发展的根本任务。

新时代的大环境深深影响着当代大学生的思想观念、价值观念、道德观念、历史观念，在全面建设新时代中国特色社会主义现代化强国道路上，要求高校学生必须树立正确的思想、价值、道德、历史观念，这对高校思想政治理论课提出了极为严格的要求，带领学生正确解读中国共产党团结带领全国人民进行社会主义革命的真实过往成为明智之选，确保高校学生深度认同"中国共产党为什么能""马克思主义为什么行""中国特色社会主义为什么好"，在无形中让百余年党史成为新时代高校思想政治理论课的必修课，这也正是"四史"融入高校思想政治理论课最基本的目标。

（二）新时代高校思想政治理论课的"常修课"

从高校思想政治理论课在高校课程体系中所处的地位来看，作为一门贯穿学生高等教育阶段的公共课程，其重要性已经充分说明了其地位举足轻重。具体而言，自学生步入大学校园之日起，让学生树立正确的理想信念、政治信仰，了解中国特色社会主义理论体系、制度、文化的同时，还要让学生能够准确掌握历史发展规律，最终能够判断中国特色社会主义事业发展的未来。

值得高度关注的是，课程建设与发展切实达到这一目标需要有充足的前提条件、动力条件和保障条件作为支撑，尤其随着新时代中国特色社会主义现代化强国建设新征程的全面开启，新征程的探索与实践显然是两个必须经历的过程①。高校学生要想成为栋梁之材，不仅要掌握先进的中国特色社会主义理论，深刻了解中国特色社会主义制度与文化，更要吸取历史的经验与教训，由此方可明确新时代中国特色社会主义现代化强国建设的必然方向。因此，百余年党史自然成为新时代高校思想政治理论课的"常修课"，这也正是"四史"融入高校思想政治理论课的基本目标之一。

（三）高校思想政治理论课向新时代高校学生传递好颂党恩、跟党走的时代讯息

中国共产党自诞生以来，已经走过了 100 余年的风雨历程，"为人民谋福祉"已经深深刻在广大中国人民内心之中，并且诸多历史事件和历史人物的记录中都深深践行该治国理政的理念。走进新时代，中国共产党领导下的政府和人民显然要继续为追求幸福而努力奋斗，既要深入践行中国特色社会主义理论体系、制度、文化，更要在各项战略方面不断进行深化改革，由此确保新时代的中国能够以崭新的姿态屹立世界的东方，国家富强、民族复兴、社会和谐、人民幸福成为新时代中国特色社会主义现代化强国的真实写照。为此，"前事不忘后事之师"自然是党和国家在治国理政中必须坚持的原则，中国人民更要了解并尊重历史，高校思想政治理论课要通过"四史"的融入将颂党恩、跟党走的时代讯息传递给新时代大学生，达到增强大学生"四个自信"和"四个意识"的目的，确保高校思想政治理论课建设与发展，做好大学生思想、价值、道德、历史观念同步引领工作。

二、高校思想政治理论课的新任务——百余年党史的解读

新时代不仅为中国共产党探索中国特色社会主义道路提出了新的任务，更为全国人民在新时代奋勇争先，开创中国特色社会主义美好的发展未来提出了新任务。高校思想政治理论课作为坚定大学生理想信念、政治信仰和"四个自信"的重要载体，在新时代背景下自然也面临新的任务，其中解读百余年党史就是一项最根本也最重要的新任务。百余年党史解读的侧

---

① 冯旺舟，罗玉洁．从"大水漫灌"走向"精准滴灌"：论长征精神融入高校思想政治理论课的路径优化 [J]．经济与社会发展，2018，16（6）：87-92．

重点如图 3-1 所示。

图 3-1　百余年党史解读的侧重点

在新时代背景下，高校思想政治理论课教育教学工作不仅要将社会主义道路中的相关理论、思想、方法传递给学生，更要用真实的历史事件和历史人物所做出的贡献去深层次解释，由此才能确保高校思想政治理论课达到品质提升的目的。需要着重强调的是，高校思想政治理论课作为全面加强学生政治信仰、理想信念、价值观念、民族使命感、社会责任意识、家国情怀的教育平台，在新时代背景之下自然有新的任务要完成，带领学生深入解读百余年党史无疑是最基本也最艰巨的一项新任务，不仅在新时代中国特色社会主义现代化强国建设中有着重要意义，更承载着新时代高校学生的未来发展。

（一）百余年党史是高校思想政治理论课丰富生动的教科书

党史生动记录着中国共产党 100 余年的风雨历程，也记录着中华人民共和国成立以来的沧桑巨变，更记录着改革开放 40 余年的恢宏崛起之路，所以了解百余年党史就是了解中国共产党、了解中国、了解中国特色社会主义发展的全过程，有着启发后人奋发新时代荣光的作用和意义。

高校思想政治理论课作为传播中国共产党治国理政理念，坚定高校学生政治信仰、理想信念、民族意志、社会责任、家国情怀的重要载体，百余年党史深刻诠释了中国共产党在中国近代各个发展时期经历的挫折、战略规划与调整、迎来的沧桑巨变，无数历史事件用实际行动践行了社会主义理论，并在中国特色社会主义发展道路中书写了可歌可泣的伟大壮举，这些与新时代高校思想政治理论课建设与发展的时代新任务相吻合，是高校思想政治理论课最为生动的教科书。

（二）百余年党史是高校思想政治理论课滋润学生思想的营养剂

百余年党史之所以生动，是因为其以革命的血与汗、改革与发展的艰辛与苦难、探索未来道路的决心与信心作为主旋律，无数历史事件和历史人物不仅影响着党史的时代发展，更影响当今时代和未来的发展。

高校思想政治理论课所肩负的任务和使命极为明确，并且也极为艰巨，就是要帮助学生建立中国特色社会主义道路自信、理论自信、制度自信、文化自信，从而引导高校学生树立政治意识、大局意识、核心意识、看齐意识，为中国特色社会主义建设与发展奋斗终生。在这一艰巨与特殊的任务和使命之下，高校思想政治理论课要时常配备"营养剂"，即"四史"，始终为广大高校的学生注入"思想营养"和"精神营养"，确保广大高校学生通过思想政治理论课始终确保用生动的历史事件和先进人物事迹说明革命与发展同样伟大，造就中国特色社会主义事业的未来更是新时代赋予高校学生的新使命，秉承历史优良传统砥砺前行必将会书写出美好的未来。

（三）百余年党史是高校思想政治理论课激励学生赓续百余年荣光的奋斗力量

百余年党史只是中国共产党在近代中国历史中的一个缩影，所取得的一系列伟大成就不仅展现了中国共产党带领全国人民在历经艰辛后的成功喜悦，更说明中国社会主义发展之路具有极为强烈的永续性，面对未来发展还有很长的路要走，还要结合时代发展所提出的新要求，不断做出战略性调整。这不仅是中国共产党面对时代发展的奋斗力量所在，更是全国人民迎接未来发展的信心和动力所在。

高校思想政治理论课作为让高校学生深刻明确"中国共产党为什么能""马克思主义为什么行""中国特色社会主义为什么好"的重要载体，讲好中国共产党历经百余年的故事自然有助于新时代高校学生更加明确上述三个原因，能够确保激励广大新时代高校学生产生赓续百余年荣光的奋斗力量，从而推动广大高校学生以饱满的精神状态和奋斗热情投身祖国未来社会主义事业的建设与发展。

三、高校思想政治理论课的新责任——中国共产党英雄历史的传承

新时代的到来必然赋予高校思想政治理论课新的任务和责任，在上文中针对高校思想政治理论课的新任务进行解读，表明新时代高校思想政治理论课建设与发展的目标就是要为广大高校学生不断给予思想和精神上的营养，让学生始终坚定自信，下定开创中国特色社会主义美好未来的决心。因此，将中国共产党英雄历史传承下去就成为新时代高校思想政治理论课的一项新责任，切实履行好该责任是"四史"融入高校思想政治理论课的一项重要目标。

（一）明确风雨兼程百余年发展之路，不忘初心再出发

中国共产党自诞生之日起就肩负着国家富强和民族复兴两项重大历史使命，经历百余年风雨兼程已经带领全国人民实现了国家富强，已全面建成小康社会，在未来发展中势必要实现中华民族伟大复兴的中国梦。

"不忘初心、砥砺前行"是实现远大目标的根本，更是铸就历史丰碑必须具备的一项重要品质。高校思想政治理论课作为引领高校学生思想、价值、道德观念发展的重要平台，是高校高质量人才培养的主要阵地所在，所以面对中华民族伟大复兴的最终目标，自然要引导广大高校学生深刻感知中国共产党诞生、奋斗、发展道路中的初心与使命，了解党在中国社会主义道路探索与发展不同阶段实践经历的同时使学生燃起斗志，最终以坚定的态度、必胜的信念、强烈的民族责任感踏上新时代中国特色社会主义事业建设新征程，成为新时代高质量人才。这是中国共产党英雄历史的传承，更是高校思想政治理论课新使命的切实履行。

（二）稳扎稳打，引导新时代高校学生心有所信方能远行

"心有所信，方能行远。"内心之中要有坚定的信仰，才能够走得更远。这也是自身长远发展的重要前提，更是动力所在。在新时代背景之下，中国特色社会主义现代化强国建设之路要面对诸多前所未有的挑战，书写新的历史就必须秉承了解过去的心态，由此才有战胜一切困难的决心和信心，"四史"中记录着中国共产党带领全国人民在不同的时代发展阶段迎接并战胜一切挑战的经历，每一项挑战都具有时代的颠覆性，为世代后人不断树立强大的自信。

高校思想政治理论课作为强化学生思想、价值、道德观念的"前沿阵地"，引导新时代高校学生在未来发展中扎实走好每一步，显然是成就国家、民族、社会、自身未来的一项重要职责，故而通过对"四史"的了解和掌握，引发学生深入的思考必然会促进学生建立并坚定"四个自信"，从而助力中国特色社会主义事业和自身在未来航行之路上的扬帆远航。

（三）促进高校学生学有所悟，有效将知识内化

从目的性角度出发，"教"与"学"的真正目的并不是将知识单纯地传递给学生，而是要帮助学生进行知识的内化，并从中受到相应的启发和影响，这一过程需要教师和学生借助外力来实现，高校思想政治理论课也是如此。

在新时代背景之下，高校思想政治理论课既肩负引导高校学生正确树立思想、价值、道德观念的重任，更肩负培养新时代高质量人才的重要使命，这里指的高质量人才就是有思想、有觉悟、有责任感、有使命感、有决心和信心开创未来的高等教育人才。对此，"四史"中历史事件和历史人物的真实经历具有历史说明作用，都诠释着党和国家带领全国人民开创未来的决心与信心，并将其作为一项重要的责任与使命，故而在新时代高校思想政治理论课中，讲好中国共产党英雄历史必然会促进高校学生学有所悟，有效将知识内化。

综合本节所阐述的观点，不难发现"四史"作为中国共产党自诞生之日直至今日仍带领全国人民励精图治、开拓进取的历史见证，不仅具有

历史说明、历史启发、历史导向作用，更具有深层次教育人、引导人、启发人的作用，将其有效融入高校思想政治理论课过程中必须强调英雄史的贯穿，让课程教育教学活动真正成为展现中国共产党在中国社会主义探索与发展的平台，引导学生深入了解党在发展道路上的英雄史，成为新时代中国特色社会主义建设的栋梁，正是"四史"融入高校思想政治理论目标所在。

第二节　促进高校学生通过思想政治理论课深入了解党在谋求人民幸福道路上的奋斗史

1949 年中华人民共和国成立标志着人民成为国家的主人，谋求可持续发展成为全党和全国人民的共同使命与任务，经历 70 余年的风雨历程，当今所取得的辉煌成为过去，书写美好的未来自然成为全国人民努力奋斗的目标所在。面对已经到来的新时代，高校思想政治理论课作为助力新时代高校学生书写中国特色社会主义美好未来的重要载体，要引导学生全面回顾党和国家在社会主义道路建设与发展阶段所付出的艰辛和收获的成就，以此促进高校学生通过思想政治理论课深入了解党在谋求人民幸福道路上的奋斗史，而这也充分说明"四史"融入高校思想政治理论课的目标。"四史"有效融入高校思想政治理论课，有效促进高校学生深刻了解党在谋求人民幸福道路中的奋斗历程具体路径如图 3-2 所示。

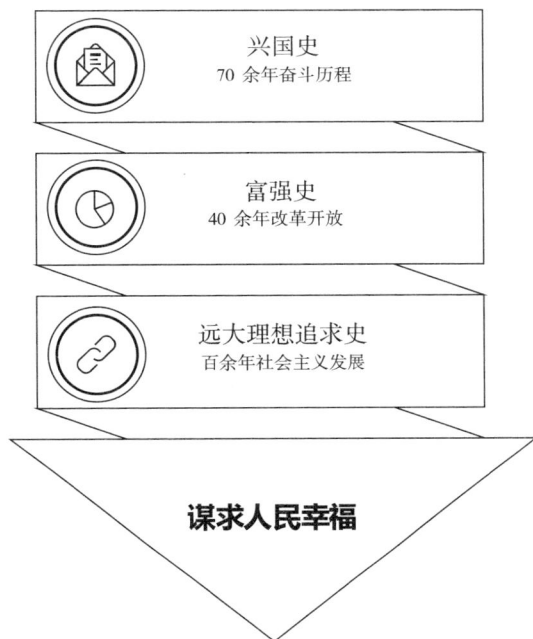

兴国史
70余年奋斗历程

富强史
40余年改革开放

远大理想追求史
百余年社会主义发展

谋求人民幸福

图3-2 促进高校学生深刻了解党在谋求人民幸福奋斗历程的路径

在高校思想政治理论课教学活动中，"四史"的有效融入必然会涉及"党史""新中国史""改革开放史""社会主义发展史"相关内容，这些内容向高校学生阐述的不仅仅是中国共产党在不同历史时期带领全国人民所走过的心路历程，更是向广大高校学生说明党和国家在不同历史阶段所肩负的责任和使命。因此，高校思想政治理论课有效融入"四史"的过程中，促进大学生深刻了解党在谋求人民幸福奋斗历程中，必须要有图中所呈现的路径作为支撑，而这也正是"四史"有效融入高校思想政治理论课的路径重要组成。

一、70余年奋斗历程铸就中华人民共和国兴国史

中华人民共和国成立70余年所取得的辉煌成就让广大中华儿女心潮澎湃，但回想过去所经历的艰辛不免唤起人们的深刻记忆，其中不仅包括所经历的风雨和坎坷，同时也包括收获成功时的喜悦。为此，新时代中华儿

女要做到深刻总结过去、认知过去、肯定过去才能把握当下和放眼未来。这也说明新时代高校思想政治理论课建设与发展道路中，"四史"的有效融入应达到带领学生深刻感知 70 余年奋斗历程铸就中华人民共和国兴国史的目标。

（一）"一穷二白"是中华人民共和国最初的真实写照

社会主义中国从无到有、从弱到强、从强走向胜利、从胜利走向辉煌、从辉煌迈向新的辉煌已经历 70 余年的发展，建国初期"一穷二白"是真实的写照，白手起家更是对中国共产党和全国人民励精图治、开拓创新的生动描绘。为此，在高校思想政治理论课教育教学活动中，必须先要学生明确中国共产党在怎样的历史背景和社会背景下诞生，中华人民共和国在怎样的基础上建立起来并逐渐走向强大，进而才能帮助学生树立正确的理想信念和坚定的政治信仰。

高校思政课建设应当传承不朽的马克思主义思想，与时俱进地挖掘理论深度，全面推动习近平新时代中国特色社会主义思想进教材、进课堂、进头脑。要结合"四史"特别是党史讲述马克思主义中国化的独特历史经验，让学生在感悟历史中，不断加深对习近平新时代中国特色社会主义思想的时代意义、理论意义、实践意义、世界意义的认识，加深对其核心要义、精神实质、丰富内涵、实践要求的理解，加深对这一思想的理论逻辑、历史逻辑、实践逻辑和贯穿其中的马克思主义立场观点方法的把握。要引导学生深刻理解马克思主义的真理力量和实践力量不仅在于它深刻改变中国、影响世界历史进程，而且在于它在当前和今后都将发挥科学理论的根本指导作用，习近平同志在庆祝改革开放 40 周年大会上指出"无论过去、现在还是将来，对马克思主义的信仰，对中国特色社会主义的信念，对实现中华民族伟大复兴中国梦的信心，都是指引和支撑中国人民站起来、富起来、强起来的强大精神力量"。

面对已经到来的新时代，高校思想政治理论课所肩负的时代新使命不仅体现在要让学生感知中国共产党和中华人民共和国成立对中华儿女意味着什么，当今富足的生活究竟给学生带来了哪些启发，更要肩负如何让新时代高校学生铭记历史、不忘初心、砥砺前行，以饱满的精神态度、坚定的政治信仰、崇高的理想信念投身到新时代祖国社会主义建设事业之中的使命，通过历史让学生明确"一穷二白"是中华人民共和国最初的真实写照显然是最基础的一环，也能够让学生感知70余年奋斗历程铸就中华人民共和国兴国史，更为新时代高校学生深入了解党在谋求人民幸福道路上的奋斗史提供了理想途径。

（二）"摸索与实践"是中国社会主义建设的艰辛之路

"在探索中求生存"和"在实践中求发展"是中国共产党带领全国人民谋求致富之路的基本原则，中国社会主义发展并没有一套完整成功经验可以借鉴，其原因在于中国本国的国情具有一定的特殊性，所以在中华人民共和国成立后的社会主义建设与发展初期，中国共产党和全国人民励精图治，通过实践探索的方式摸索出一条适合中国国情和未来发展的社会主义道路，并在1978—1979年间提出并开始实施改革开放政策，并将其视为基本国策。在正式进入改革开放历史新阶段之前，中国特色社会主义道路建设无疑是一条艰辛之路，通过历史真实记载引导学生深刻感悟其艰辛是高校思想政治理论课的一项重要任务①。

面对新时代，高校思想政治理论课建设与发展将高校学生高度认同中国共产党的领导、高度认同中国特色社会主义制度、高度认同中国特色社会主义发展作为根本性任务，所以结合真实的历史事件和历史人物可以让学生深刻感知"摸索与实践"是中国社会主义建设的艰辛之路，带领高校学生明确70余年奋斗历程铸就中华人民共和国兴国史的同时，促进高校学生通过思想政治理论课深入了解党在谋求人民幸福道路上的奋斗史，也正是"四史"融入高校思想政治理论课的目标呈现。

（三）"只有社会主义才能发展中国"是中国特色社会主义建设与发展的最终结论

中国共产党带领全国人民探寻适合中国国情的中国特色社会主义发展道路过程中，虽然经历了多个历史重大转折点，但中国共产党始终以长远

---

① 杨文圣，乔宇煊. 辩论式教学法在高校思想政治理论课中的运用："四史"教育融入高校思想政治理论课的视角 [J]. 北京教育（德育），2021（9）：46-50.

发展的角度去思考、去判断、去决策，最终带领全国人民探索出一条可持续发展的中国特色社会主义道路，并且这条道路将要通往新时代中国特色社会主义现代化强国的全面建成和中华民族的伟大复兴，而这不仅向世人说明了"只有社会主义才能发展中国"的道理，更是中国特色社会主义道路建设与发展的最终结论。高校思想政治理论课作为全面引领高校学生思想、价值、道德观念的重要载体，依托历史发展的时间轴将这一结论明确传递给高校学生是一项重要任务。

面对新时代中国特色社会主义道路的建设与发展，高校思想政治理论课日常教育教学工作要进一步加深高校学生关于"只有社会主义才能发展中国"这一最终结论的理解，并且始终坚信中国特色社会主义道路的建设与发展必将成就国家、民族、社会、人民的美好未来。具有高度说明性的历史材料不仅能带领高校学生明确70余年奋斗历程铸就的中华人民共和国兴国史，同时还能促进高校学生通过思想政治理论课深入了解党在谋求人民幸福道路上的奋斗史，诠释出"四史"融入高校思想政治理论课的基本目标。

二、40余年改革开放造就中华人民共和国的富强史

"改革开放"揭开了中国特色社会主义建设新篇章，同时也标志着中国共产党带领全国人民走上了富强之路，我国社会主义经济开始实现特色化发展的同时，社会主义文化等多领域也随之迈入特色化发展之路。历经40余年改革开放，当前中国已经在经济、文化、科技、教育等领域实现了跨越式大发展，并且在未来将实现全方位又好又快发展，这坚定着每一位中国人中国特色社会主义道路自信、理论自信、制度自信、文化自信。高校学生作为新时代中国特色社会主义建设与发展的核心力量，带领学生总揽40余年改革开放史所取得的伟大成就，必然会助其深刻理解中国特色社会主义制度、理论、道路的优势所在，坚定其"四个自信"。改革开放40余年中国特色社会主义的伟大成就具体体现如图3-3所示。

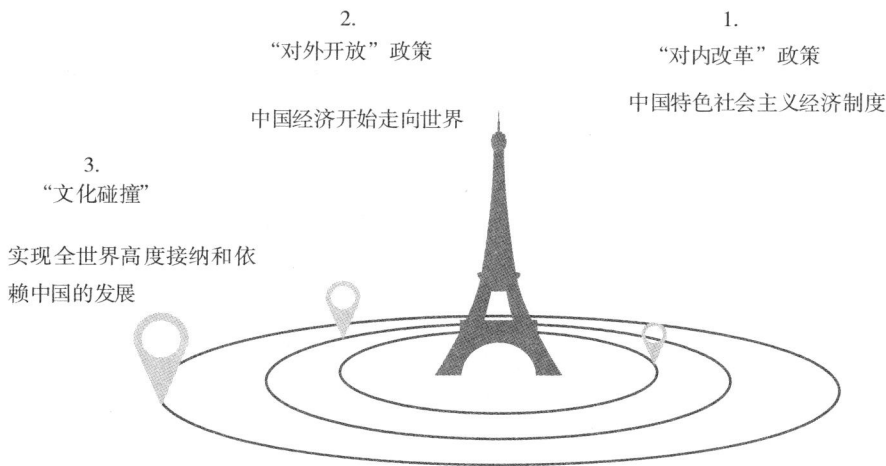

2.
"对外开放"政策
中国经济开始走向世界

1.
"对内改革"政策
中国特色社会主义经济制度

3.
"文化碰撞"
实现全世界高度接纳和依
赖中国的发展

图 3-3 改革开放 40 余年中国特色社会主义的成就体现

在中国改革开放的 40 余年中，中国经济的发展全世界有目共睹，文化输出更是让世人赞叹，而这些伟大成就的产生都是源自"改革开放"这一国策的提出，让中国的发展之路拥有一部伟大的富强史。

高校思想政治理论课面对新时代发展大背景，让学生通过思想政治理论课深刻体会 40 余年改革开放造就中华人民共和国的富强史是其根本目标所在。而这也是四史有效融入高校思想政治理论课，促进学生高校学生深入了解党在谋求人民幸福过程中不懈努力奋斗的重要途径。

（一）"对内改革"建立起一套适合新时代中国的社会主义经济制度

所谓的"对内改革"，指的就是针对国内经济制度进行改革与调整，进而建立起一套完整的、适合中国国情的、适合未来发展需要的经济体系，助力中国社会主义经济的快速发展，这是我国"改革开放"政策的组成部分，为我国未来经济发展起着决定性作用。

高校思想政治理论课作为高校学生深度了解中国特色社会主义经济制度、客观认知中国特色社会主义经济发展规律、准确判断中国未来经济发展大趋势的重要载体，将"改革开放史"有效融入高校思想政治理论课程教育教学活动，其目标体现在促进新时代高校学生了解对内经济改革所经历的过往，力求新时代高校学生能够真正了解中国究竟是怎样走向富强的。

（二）"对外开放"让中国经济走向世界

所谓的"对外开放"，其实质在于党和国家通过政策放宽和取消各种限制的方法，积极主动地扩大对外经济交往，以求用世界经济发展的动力促进我国社会经济增长，同时保障经济增长的可持续性，而这一重要战略决策正是中国改革开放经济政策的重要组成部分，不仅影响中国过去的40余年，更会影响中国未来经济发展。

对此，高校思想政治理论课助力新时代高校学生成为未来合格的中国特色社会主义事业建设者与接班人，就必须让学生深刻理解"对外开放"的意义与价值，并且通过真实的历史事件和历史人物加以说明，由此不仅可以让新时代高校学生在未来发展道路中享受"改革开放"的红利，更能使其从中感受到促进经济发展是党和国家的重要任务，更是自己在新时代的一项重要使命，从而助力国家、民族、社会奔向美好未来。

（三）"文化碰撞"让全世界高度接纳和依赖中国的发展

中国经历40余年的改革开放，给当代世人最为直观的感受体现在两方面：一是中国经济得到前所未有发展的同时，带动了世界经济的稳步发展，并成为世界经济发展的重要风向标；二是中国文化走向世界，并且与世界文化相互兼容，与全世界一道建立了"人类命运共同体"，这显然是全世界对中国文化的一种认同和依赖。其中，建立"人类命运共同体"是中国新时代社会主义现代化强国建设的伟大目标，也是履行大国义务和责任的重要表现，更是中华民族实现伟大复兴所必须肩负的一项重要历史使命。

在新时代高校思想政治理论课建设与发展中，要想确保新时代高校学生社会责任意识的全面发展，促进其价值观的正确树立，就要将"改革开放史"渗透给学生，确保学生能够了解中国改革开放的40余年究竟取得了哪些伟大的成就，未来的远大理想目标又是什么，由此才能建立高度的中国特色社会主义道路自信、理论自信、制度自信和文化自信，坚定不移地为人民谋求幸福，成为合格的新时代中国特色社会主义现代化强国的建设者和接班人。

三、百余年社会主义发展成就中国共产党远大理想追求史

中国的社会主义发展之路已经经历百余年，中国共产党不仅带领全国人民建立了社会主义国家，还实现了社会主义全面建设和改革开放，同时也成功加入了世界贸易组织（WTO），对香港、澳门恢复行使主权，这些历史重大事件都是中国共产党实现远大理想所经历的过往，新时代中国特色社会主义建设固然要继续努力奋斗下去，而只有深入了解历史才能更好地成就未来的发展。因此让学生回首百余年中国社会主义发展史就成为新时代高校思想政治理论课建设与发展的一项重要目标，确保学生能够深知中国共产党远大理想的追求源自于此。

（一）坚定政治信仰创造新辉煌

所谓的"政治信仰"通常是指政治理性的一种切实反映，同时也是政治形态产生的一种普遍心理基础，这一心理通常能够维持政治稳定和发展。所以，中国共产党领导全国人民共同开创中国特色社会主义美好未来的道路中，必须坚定广大人民群众的政治信仰。高校学生作为新时代中国特色社会主义事业发展道路中的核心力量，坚定其政治信仰自然成为新时代高校思想政治理论课建设与发展的任务基础。

在此期间，课程教学的全过程必然要有真实的历史事件和历史人物作为材料，带领学生深刻感知中国共产党的诞生、中华人民共和国的成立、改革开放、中国特色社会主义现代化强国之路，不仅是党和全国人民的重要历史抉择，更是在实践探索中不断总结其经验和教训，并在经过无数次改进与调整后所获得的最终成果。维持中国共产党和全国人民始终保持开拓进取精神的支撑条件就是坚定的政治信仰，以此来启发新时代高校学生在建设中国特色社会主义现代化强国道路中必须始终高度坚定其政治信仰，为创造新时代中国特色社会主义新辉煌贡献自己的一份力量。

（二）坚定信念成就未来

"信念"是指坚定不移的想法，通常是指信任。一个政党、一个国家、一个民族从弱小到强大再到富强都需要秉承可持续发展的理想信念，"理想信念"是最为基本的思想前提，中国共产党治国理政道路中，正是将实现

共产主义为远大的理想信念，并在社会主义发展道路中不断进行实践与探索，最终在我国近代历史中创造出了一个又一个奇迹。

高校思想政治理论课作为引导高校学生争取树立并坚定理想信念，推动学生思想、价值、道德观念的基础课程，所以极为必要让学生通过真实的历史事件和任务，深刻认知 100 余年的中国社会主义发展成就中国共产党远大理想追求史。尤其是在中国特色社会主义进入历史新时代，文化的高度开放性必然会对新时代大学生造成一定的思想冲击，故此通过真实的历史材料向学生表明中国社会主义 100 余年的发展成就源于共产党人和全国人民坚定的理想信念，成就中国特色社会主义美好未来的同时，更会成就自己的美好未来。

（三）坚定"四个自信"成就远大理想

社会主义"道路自信""理论自信""制度自信""文化自信"提出于中国共产党成立 95 周年大会，坚定"四个自信"是中国面对新时代发展向全党和全国人民提出的一项新要求，更是对民族命运和发展未来的自信，其中蕴含着道路的正确性、理论的科学性、制度的优越性和文化的先进性。所以在新时代背景下的高校思想政治理论课教育教学活动中，引导新时代高校学生建立"四个自信"成为一项重要任务。

具体而言，高校思想政治理论课是向学生传递社会主义理论、思想、实践方法的主要阵地，确保学生能够坚信中国共产党的领导、中国特色社会主义制度优越性、中国特色社会主义道路正确性、中国特色社会主义文化先进性，所以确保学生建立"四个自信"就成为高校思想政治理论课之本。随着新时代的全面开启，中国特色社会主义现代化强国建设依然需要高校学生通过真实的历史事件和历史人物，深刻认知坚定"四个自信"成就远大理想所蕴藏的道理，确保学生能够通过百余年中国社会主义道路发展历程，了解中国共产党实现远大理想的不懈追求。

综合本节所阐述的观点，可以看出高校思想政治理论课建设与发展道路中，"四史"的有效融入可以让学生深刻认知中国共产党自诞生之日起带领全国人民经历了一个又一个重要的发展时期。其中。建国 70 余年的心路历程铸就了一部兴国史，改革开放 40 余年造就一部富强史，中国共产党诞生的 100 余年铸就了全国人民追求远大理想的逐梦史。为此，促进高校学生通过思想政治理论课深入了解党在谋求人民幸福道路上的奋斗史必然是"四史"融入的主要目标，确保高校学生拥有一条理想的途径去深入了解中国共产党全心全意为人民谋求幸福，同时助力高校思想政治理论课得到品质层面的升华。

第三节　推动高校学生通过思想政治理论课客观了解党在谋求民族复兴道路上的实践史

高校思想政治理论课作为高校课程体系中的基本构成，贯穿高校学生在校学习始末，其作用和价值极为突出，是高校学生正确建立思想观念、价值观念、道德观念的重要平台。随着时代的发展，新时代高校思想政治理论课肩负着引导大学生正确树立"四个自信"的重要任务。为此，既要在课程内容和课程模式上做出相应的调整，同时又要在课程评价方面加以深化。其中，"四史"的融入显然是着力点所在，不仅可以助力高校学生通过思想政治理论课客观了解党谋求民族复兴的实践史，更能确保高校学生以史为鉴，为中华民族伟大复兴贡献一份的力量，而这也正是"四史"融入高校思想政治理论课的又一重要目标。

一、了解："四史"新时代高校思想政治理论课的重要组成部分

"四史"作为近代中国蓬勃发展的历史见证，既有说明过去又有指引未来的作用。高校思想政治理论课在高校课程体系中的地位极为重要，是学生深层次了解中国社会主义发展道路的重要途径，也是树立并坚定自身政治信仰、崇高理想信念和"四个自信"的重要保证。为此，将"四史"有效融入高校思想政治理论课不仅有极为深刻的时代意义和价值，更能充分彰显高校思想政治理论课在新时代建设与发展的整体质量。"四史"作为新时代高校思想政治理论课重要组成部分的切入点如图 3-4 所示。

图 3-4   "四史"作为新时代高校思想政治理论课重要组成部分的切入点

在新时代背景之下，高校思想政治理论课建设与发展必须先明确最根本的切入点，由此才能确保课程质量达到时代发展所提出的具体要求。为此，在新时代高校思想政治理论课建设与发展道路中，"四史"的有效融入作为高校思想政治理论课改革与发展的重要一环，明确其重要性，有助于提升高校思想政治理论课其品质，更有助于推动高校学生通过思想政治理论课客观了解党谋求民族复兴的实践史，激发出学生为民族伟大复兴奋斗终生的斗志。

（一）明确新时代高校思想政治理论课改革创新的主视角

面对新时代的发展，高校思想政治理论课改革的步伐随之深化，其目的就是要让课程建设与发展始终与时代发展的节奏相一致，为国家建设提供高质量人才。其中，无论是在课程目标、课程内容、课程模式方面，还是在课程质量评价方面都提出了改革要求，确保高校思想政治理论课既能引领广大高校学生思想、价值、道德观念，同时还能促进其建立高度的中国特色社会主义道路自信、理论自信、制度自信、文化自信，让新时代高校学生真正成为全面发展的人。

为此，这就需要广大高校学生首先要认识中国特色社会主义制度、理论、道路、文化所具有的优势，通过对比方可确保高校学生在高校思想政治理论课建立"四个自信"。在此期间，回顾历史了解中国社会主义发展所取得的成功是较为直接的途径，真实的历史事件和历史人物不仅能够为高校学生学习理论知识提供重要的历史实践证明，更能让其历史启发和历史导向作用促进高校思想政治理论课建设与发展的改革创新。

（二）深入解读"马克思主义为什么行"

马克思主义的科学内涵，主要由马克思主义哲学、政治经济学、科学社会主义三个重要部分组成，充分吸取前人理论与实践成果的同时，结合时代发展的一般规律进行了深入思考，最终形成了一套体系完整的马克思主义。从马克思主义的科学性角度出发，第一次将唯物主义思想与历史领域相结合，形成了历史唯物史观，从而将人类历史发展规律明确表述出来。除此之外，还针对资本主义生产方式和生产关系进行了分析，找出其矛盾与弊端所在，进而让人类社会发展更加清晰、明确。更重要的是根据历史发展规律确立了无产阶级人民群众在历史中的主体地位，形成符合客观规律的最终目标——共产主义。

纵观中国历史发展的一般规律，中国共产党诞生之前，无产阶级人民群众并不是历史社会中的主体，受剥削、受压迫是中国人民在历史长河中的真实写照，追求幸福美好的生活是中华儿女最普遍的夙愿，中国共产党的诞生让饱经风霜的中国人民了解马克思主义，其内容与内涵与国家、民族、人民的切实需求高度符合，所以马克思主义在中国广泛传播并发展壮大具有历史必然性，坚定不移地以马克思主义思想为指导是中国社会主义建设与发展的重要思想基础和理论基础。新时代高校思想政治理论课建设与发展要坚定马克思主义思想，故而通过真实的历史事件和历史人物带领学生深入解读"马克思主义为什么行"具有必然性，由此方可助力高校学生客观了解党谋求民族复兴的实践史，高度认同马克思主义、中国共产党、中国特色社会主义道路。

（三）深层分析"中国共产党为什么能"

中国共产党自诞生之日起就代表着广大中国人民最根本的利益，以为中国人民谋幸福、为中华民族谋复兴作为根本使命。中国共产党在时代发展的道路中，为全国人民根本利益实现最大化不断开展实践探索工作，在中华人民共和国成立之初带领全国人民进行了社会主义革命与建设，一心为改变中国一穷二白的社会面貌不断努力奋斗。随着改革开放历史伟大转折点的到来，中国共产党做出一系列战略部署，让全面加快社会主义现代化进程拥有了制度和文化层面上的基础，逐步实现人民根本利益最大化。面对中国特色社会主义未来发展之路，中国共产党依然不会忘记初心、永远牢记使命和任务，带领全国人民实现将新时代的中国建设成为中国特色社会主义现代化强国。

为此，在新时代高校思想政治理论课建设与发展中，必须要让新时代高校学生准确认知"中国共产党为什么能"，其原因在于中国共产党的执政理念和治国理政思想顺应了历史发展和人民的需求，也就是说是历史和人民选择了中国共产党。以此为基础，确保新时代高校学生可以深刻认知"没有共产党就没有中华人民共和国"的道理。为此，高校思想政治理论课有必要将党和全国人民在探索社会主义道路和谋求发展的历史实践融入课程之中，由此达到高校学生通过思想政治理论课客观了解党谋求民族复兴的实践史，燃起建设新时代中国特色社会主义现代化强国的奋斗热情。

（四）明确"中国特色社会主义为什么好"

早在一百多年以前，经过历史的反复比较、各条道路的反复权衡、反抗封建统治和外来侵略，中国人民选择了共产党，选择了马克思主义，选择了社会主义道路，最终迈向了中国特色社会主义发展道路。在中华人民共和国成立之后，中国共产党带领全国人民完成了基本的社会主义改造和建设，为中国社会主义革命和建设取得伟大成就奠定了坚实基础，帮助中国特色社会主义道路建设与发展完成经验积累、理论准备、物质积累的过程。改革开放国策的提出，历经40余年的发展，中国共产党领导全国人民进行了中国特色社会主义道路的全面建设，中国社会主义道路焕发出前所未有的生机与活力。

党的十九大以来，中国共产党带领全国人民揭开了新时代中国特色社会主义现代化强国建设的序幕，向中国特色社会主义新时代迈进，无论是在经济实力、科技实力、文化软实力上，还是在国家综合实力上都实现了质的飞跃，从而向实现中华民族伟大复兴又迈出了坚实一步。在新时代背景之下，高校思想政治理论课建设与发展必须与时代发展的主旋律紧密结合，不仅要让广大高校的学生深刻了解中国社会主义发展道路中所取得的成就，更要让其明确"中国特色社会主义为什么好"，用真实的历史事件和历史人物进行有力证明。

二、掌握：中国社会主义发展历经的阶段性挑战与成果

高校思想政治理论课建设与发展其最终的目标并不单纯指向学生掌握社会主义发展的相关理论与实践方法，更重要的是学生思想意识、价值观念、道德品质得到全面提升，努力将高校学生培养成全面发展的人。为此，让学生了解社会主义发展经历只是基础中的基础，引导学生充分掌握中国社会主义发展历经的阶段性挑战与成果显然也是一项重要目标，而这更是"四史"有效融入高校思想政治理论课的基本目标所在。

（一）中国社会主义的初步探索

1956—1978年，中国经历了为期22年的社会主义基本建设与发展阶段。在此过程中，中国并没有一套完整的实践理论和实践经验可以参照，更没有一套适合本国国情发展的社会主义建设与发展体系可以接照搬。因此，在22年间，党和国家带领全国人民不断进行着深入的探索与研究，并不断通过实践去验证研究假设，最终为改革开放经济政策的全面提升奠定了坚实基础。在这一过程中，党和国家深入了解当时中国的基本国情，深刻认识经济发展是带动各领域全面发展的根本力量，科学技术发展则是经济发展的核心推动力。

高校思想政治理论课建设与发展显然要让学生高度明确党和国家在全面建设与发展社会主义事业中究竟经历了什么，遇到哪些困难并且采取怎样的方法迎难而上解决问题，最终的成果又是什么，这样才能让大学生真正建立中国特色社会主义道路自信、理论自信、制度自信、文化自信，拥有较为坚实的基础。所以，在"四史"融入高校思想政治理论课的过程中，必须将学生深入掌握中国社会主义初步探索阶段所经历的挑战，以及最终

收获的成果作为一项重要目标，以此确保高校学生通过"四史"找寻党和国家在谋求国家富强、民族复兴、社会和谐、人民幸福美满过程中所秉承的初衷和履行的使命。

（二）中国社会主义的崭新探索

1978—2000 年，中国经历了为期 22 年的社会主义崭新探索阶段，其重要的标志就是中国全面实行"改革开放"，想要切实做到"对内改革"和"对外开放"工作是一项极为系统的工程，虽然在国际领域有诸多成功经验可以借鉴，但是其与中国国情存在明显的差别，需要不断进行调整与优化，并立足中国经济发展的实际需要建立一套较为完整的社会主义经济制度。经过党和国家不懈的努力，终于建立了一套中国特色社会主义经济制度、中国特色社会主义理论体系、社会主义文化，从而实现中国经济和文化的全面跃升，中国人民也完成了从"站起来"向"富起来"的过渡，以崭新的姿态屹立于世界的东方。

高校思想政治理论课作为全面引领高校学生思想、价值、道德观念发展的基础学科，不仅要让其能够高度明确中华人民共和国从何而来，经历了怎样的艰难发展阶段，更要让其明确中华人民共和国怎样富起来，怎样成就当今中国特色社会主义发展，进而高度坚定"四个自信"，形成"四个意识"的同时，还能燃起为中国特色社会主义经济始终保持又好又快发展贡献力量的热情。这是新时代高校学生爱党、爱国之情全面提升的重要保证，更是高校学生思想层面和精神层面全面升华的重要保证。因此，"四史"有效融入高校思想政治理论课必然要将学生高度明确中国社会主义崭新探索阶段的挑战与成果作为重要目标。

（三）中国特色社会主义的跨越式发展

2001 年至今，中国社会在经济、文化、科技、教育、卫生等诸多领域始终保持着强劲的发展势头。其中，2001 年中国顺利加入 WTO，经济对外开放的水平实现质的飞跃，同时中国经济发展的战略也做出了一系列重大调整，进而迎来了新的改革开放时代。2008 年，北京奥运会的成功举行将中国彻彻底底地推向了世界，让更多的人了解中国文化、中国经济、中国社会发展大环境，同时中国也以海纳百川的姿态接受世界。2017 年，党的十九大胜利召开，深入推进社会主义现代化建设，社会经济、文化、制度必然会得到更高层次的发展。

高校思想政治理论课作为全面树立高校学生民族自信、社会责任、家国情怀的基础课程，通过真实的历史事件和任务去解读中国特色社会主义的跨越式发展，力求学生全面掌握的同时，坚定自身的政治信仰和理想信念，为中国特色社会主义发展而继续努力奋斗。这是"四史"有效融入高校思想政治理论课的又一基本目标，更是引领高校学生书写自己人生和未来的作用体现，能够满足新时代大环境对高校思想政治理论课建设与发展提出的新要求。

三、认同：中国特色社会主义道路建设与发展是中华民族伟大复兴的必由之路

高校思想政治理论课建设与发展的一个重要的目标在于促进学生政治认同感、道路认同感、制度认同感、理论认同感、文化认同感的全面加强，由此带领广大高校学生树立中国特色社会主义道路自信、理论自信、制度自信、文化自信，同时形成"四个意识"。在此期间，政治认同、道路认同、制度认同、理论认同和文化认同是关键中的关键，需要探寻极为有利的外在条件促其全面形成。其中，"四史"显然是理想的选择，让学生深刻认同中国社会主义道路建设与发展是中华民族伟大复兴的必由之路固然可以促进上述目标的有效实现，而这也充分诠释着"四史"有效融入高校思想政治理论课的又一重要目标：提升高校大学生中国特色社会主义道路建设认同感，如图 3-5 所示。

明确"找到一条好的道路不容易，走好这条道路更不容易"的深层内涵

3

高校大学生高度认同中国特色社会主义建设是实现中华民族伟大复兴的必要条件

1

2

深刻认知"方向决定道路，道路决定命运"的内涵

传递"道路走得怎么样，最终要用事实来说话、由人民来评判"这一信息

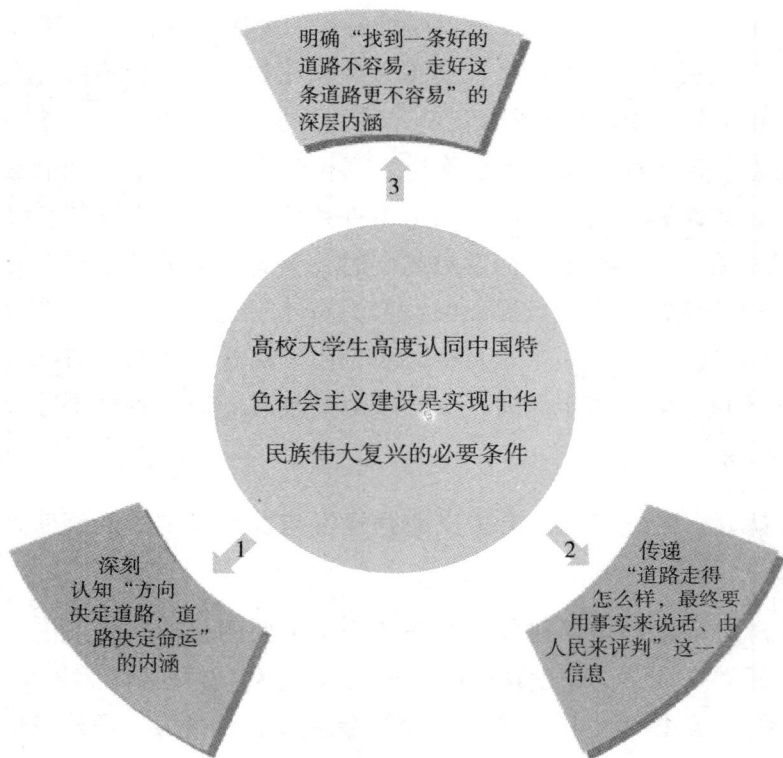

图 3-5　提升高校学生中国特色社会主义道路建设认同感的条件

在高校思想政治理论课教学活动中，引导大学生全面树立高度正确的认同感是一项重要任务，更是课程教学工作的基本目标所在。其中，正确高度认同中国特色社会主义道路建设所经历的风雨，方可确保高校学生深刻认知当今所取得的成果来之不易，图中三个必要条件缺一不可。为此，"四史"有效融入高校思想政治理论课必须将上述三项必要条件作为基本目标。

（一）引导学生认知"方向决定道路，道路决定命运"的内涵

回顾中国共产党带领全国人民经历的奋斗历史，充分诠释着为什么中国共产党能带领中国人民走向成功和怎样才能始终保持成功的状态，从而逐一实现人们对美好生活的向往，同时也向全民族指明了实现共同富裕的

具体方向所在。一个国家实行怎样的主义就要主动走哪一条道路，而实行怎样的主义最重要的是在于能否解决国家所面临的历史性问题。近代中国最初显然是处于积贫积弱、列强宰割的历史阶段，尝试各种主义都未能将历史性问题有效解决，马克思主义思想的传入让中国人民漫漫长夜中的等待画上了句号，中华人民共和国成立让社会主义在中国得以发扬光大，并且加速了中国社会主义制度、理论、文化等维度的发展。党的十九大以来更是结合历史发展的必然规律，在各个领域不断做出调整，让中国特色社会主义不断书写出展新的篇章。

高校思想政治理论课建设与发展中，引导大学生建立民族自信、社会责任、家国情怀是一项重要任务，任务的艰巨程度自是不言而喻，并且任务本身具有较强的复杂性。为此，借助真实的历史事件和历史人物，将其在中国特色社会主义道路建设与发展过程中所付出的不懈努力呈现在学生面前，更有利于促进高校学生真正明确"方向决定道路，道路决定命运"的内涵所在，确保学生高度认同只有坚持和发展中国特色社会主义才能实现中华民族的伟大复兴。这显然也是"四史"有效融入高校思想政治理论课的重要目标之一。

（二）向学生传递"道路走得怎么样，最终要用事实来说话、由人民来评判"这一重要信息

党的十八大的胜利召开，标志着中国开启全面建成小康社会阶段，经过5年的努力和奋斗，党的十九大明确指出全面建成小康社会已经取得了阶段性成果并于2020年全面建成，2021年全国顺利完成脱贫攻坚任务，农业农村现代化发展步伐不断加快的同时，农村经济发展实现了跃升。这不仅是人类历史上的伟大奇迹，更是中国社会主义发展史上的一个伟大奇迹，这会在社会主义发展史中留下浓墨重彩的一笔，造就这一历史性奇迹产生的原因就是中国共产党的正确领导，全国人民为之付出的不懈努力。

基于此，高校思想政治理论课必须让学生深刻感知中国共产党带领全国人民在奔向美好生活道路中所付出的艰辛，以及所收获的伟大成就，让其意识到艰辛和成就本身既是历史对党和国家在社会主义道路建设与发展的肯定，更是对全国人民谋求幸福过程的一种肯定。面对新时代的到来，

中国特色社会主义发展道路中，全面建成小康社会只是第一步，建设新时代中国特色社会主义现代化强国则是又一重要目标，最终实现中华民族伟大复兴的中国梦。在此期间，依然需要新时代高校学生始终保持正确的政治信仰、坚定的理想信念、高度的社会责任感，并为之不懈努力奋斗。"四史"的有效融入显然可以将"中国故事"生动讲述出来，达到上述目的，而这也正是"四史"有效融入高校思想政治理论课的重要目标之一。

（三）向学生明确"找到一条好的道路不容易，走好这条道路更不容易"的深层内涵

纵观中国特色社会主义道路建设与发展的经历，找准并认定一条正确的道路让无数无产阶级革命家付出了极大的代价，同时在建设与发展中更有无数革命先辈为之挥洒汗水，经过不懈的努力才迎来当今中国特色社会主义发展局面，所以当代以及未来的中国人必须坚定不移地走下去。面对新时代的发展，中国特色社会主义道路通向全面建成中国特色社会主义现代化强国，但是究竟应该怎样建设、在哪些领域应该继续努力、在哪些方面应该继续开拓进取，这是摆在中华儿女面前的重要问题。高校学生作为新时代中国特色社会主义现代化强国建设的中坚力量，只有让学生高度明确"找到一条好的道路不容易，走好这条道路更不容易"的深层内涵才能确保高校学生始终高度保持正确的政治信仰和理想信念，最终建立起"四个自信"和"四个意识"，确保高校学生梦在远方、路在脚下，始终为了全面建设新时代中国特色社会主义现代化强国逐梦前行，成就中华民族的伟大复兴。故此，这也是"四史"有效融入高校思想政治理论课的重要目标所在。

通过本章的观点阐述，不难发现"四史"有效融入高校思想政治理论课可以让高校学生在日常学习活动中，既能掌握相关的理论知识，又能确保广大高校学生深刻意识到中国共产党领导下的中国人民在社会主义建设与发展道路中，经过不懈的努力终究会实现中华民族的伟大复兴，在各个发展阶段所迎接的挑战和收获的成果不仅具有划时代的意义，更是中华儿女逐梦前行的重要保证。这进一步说明了"四史"有效融入高校思想政治理论课的可行性与必要性，同时更说明融入的目标能够助力新时代中国特

色社会主义现代化强国的建设和中华民族的伟大复兴。但不可否认的是，目标的高度明确并不意味融入的过程和效果能够达到理想化，科学准确地制定融入的原则显然至关重要，笔者会在下一章中明确论述。

第四章 "四史"融入高校思想政治理论课的原则

从课程建设与发展的角度分析，明确其原则必然会为课程建设与发展的方向提供重要保证，因此该项工作是课程建设之路必不可少的部分。因此，"四史"融入高校思想政治理论课的过程必须有明确的原则作为前提。"四史"融入高校思想政治理论课必须遵循的基本原则如图 4-1 所示。

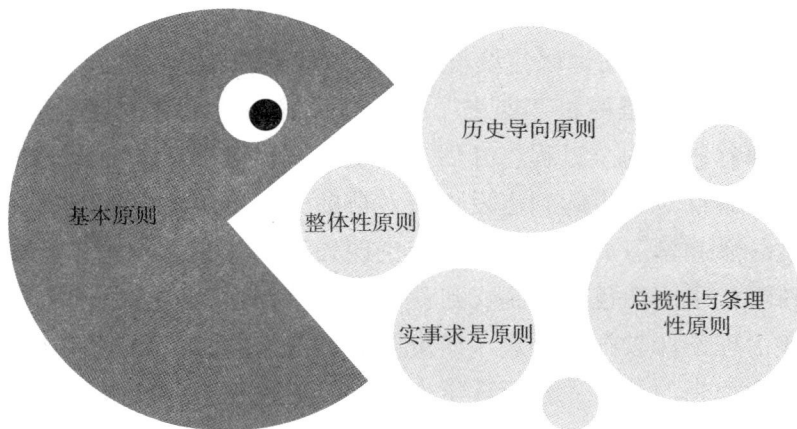

图 4-1 "四史"融入高校思想政治理论课的基本原则

在新时代背景之下，高校思想政治理论课建设与发展肩负着新的任务与使命，那么必然要明确融入过程中必须遵循的原则，但是在新时代高校思想政治理论课中真正将"四史"有效融入是一项极为系统的工程，上述几个原则的遵循过程需要考虑的因素较多，因此本章就以此为立足点，深入阐述具体原则。

第一节 历史导向原则

"四史"作为党和国家带领全国人民谋求可持续发展和终身幸福的历史记录，不仅是总结党和国家在不同历史阶段取得成功的重要依据，更是汲取丰富经验引领未来发展的重要载体。在新时代背景之下，高校思想政治理论课建设与发展更加突出对高校学生思想观念、价值观念、道德观念的引领作用。故而，借助历史可以全面提升新时代高校学生的思想政治素质，以及文化与道德素质，"四史"的有效融入是较为理想的选择，但必须将遵循历史导向原则作为基本前提。

一、确保"四史"融入过程能够导出较为理想的结论

在高校思想政治理论课建设与发展中，"四史"的有效融入并非将其作为独立的部分，而是要将"四史"嵌入高校思想政治理论课程体系之中，让其贯穿课程教学的全过程，开展"四史教育"活动，从而使"四史"中的真实历史事件对学生起到启发作用，帮助学生更好地内化所学习的理论知识，最终燃起学习高校思想政治理论课知识的欲望，唤起并坚定学生积极投身新时代中国特色社会主义建设的积极性与主动性。这就需要广大高校思想政治理论课教师在开展"四史"的融入工作时，要确保融入过程能够导出较为理想的结论，进而让学生对学习相关理论和投入祖国未来建设与发展中更有信心。接下来从以下几方面阐述能够导出理想结论的条件。

（一）"四史"具有揭示过去的作用

历史向人们反映的是过去，历史的完整性越高则说明对过去的点点滴滴记录越全面，"四史"作为记录党和国家从无到有、从弱小到强大、从胜利走向新胜利、从辉煌走向新辉煌的"正史"，深刻记录了党和国家发展道路中的点点滴滴，极具启示后人和展望未来的作用。

高校思想政治理论课作为全面开展大学生思想工作的重要载体，能够为大学生以饱满的姿态投身未来社会主义事业建设与发展注入动力，因此将"四史"有效融入高校思想政治理论课极具必要性。但是历史终究是以时间轴的形式呈现在人们面前，引导、启发、指向作用的呈现往往需要人们对其做出正确解读，因此在"四史"有效融入高校思想政治理论课过程中，坚持历史导向原则就必须确保"四史"具有揭示过去的作用，由此方可确保"四史"融入过程能够导出较为理想的结论，让学生能够从中受到启发。

（二）"四史"具有总结历史成功经验的作用

从中国共产党和中华人民共和国发展的全过程来看，党、国家、人民为之付出了不懈的努力，其困难与艰辛自是无法形容，而最终取得的成果令世人为之惊叹。在此期间，在中国共产党的带领下，全国人民心往一处想、劲儿往一处使，共同开创出了一个又一个跨越式发展新局面，这些显然都是党和国家，以及坚韧不屈的劳动人民向历史交出的一份满意答卷，而"四史"恰恰将这些点点滴滴充分记录了下来，人们能够从客观评价中受到启示，进而让历史的导向作用得以充分体现。对此，在新时代背景下的高校思想政治理论课程建设与发展中，"四史"的有效融入要充分体现出其具有总结历史成功经验的作用，进而确保融入过程能够导出较为理想的结论。

（三）"四史"具有阐明历史教训的作用

历史记录了社会发展最真实的一面，其中不仅包括成功的经历，还包括失败的教训，前者自然值得后人去积累，后者也为后人提供了警示作用。"四史"更是如此，不仅包含着党和国家在奋斗中所取得的成功，也蕴藏着失败的经历。

正所谓党的正确领导和国家的全面发展容不得半点闪失，特别是在新时代中国已经开启了中国特色社会主义现代化强国建设新征程，任何方向性错误都不容出现，高校学生作为未来我国现代化强国建设道路上的中坚力量，不仅要拥有扎实的理论基础作为支撑，还要拥有成功的实践经验和失败的教训作为依据，由此方可确保新时代的中国始终处于又好又快的发展状态，向中华民族伟大复兴更进一步。对此，在高校思想政治理论课建设与发展道路中，"四史"的有效融入必须遵循历史导向原则，其中一个重要表现就是要具有阐明历史教训的作用，避免高校学生在现代化强国建设之路上出现方向性错误，让自身的思想、观念、意识与时代相同步，与现代化强国建设保持同一高度。

二、能够让历史的真相说明中国特色社会主义事业建设与发展的经验教训

所谓的"历史导向原则"，其实质就是通过历史为未来的发展方向提供正确的引导作用。对此，在高校思想政治理论课建设与发展道路中，想要遵循历史导向原则，就要让历史的真相说明当今时代发展的现实，笔者在下文中就针对此观点做出明确论述。

（一）通过历史材料的真实性说明中国各个阶段的过往

从时代发展的角度分析，当今中国在社会主义发展道路中所取得的成功具有一定的必然性，这样说的原因主要体现在两方面：一是全国人民紧紧围绕中国共产党的领导，全国人民的向心力必然会成就当前中国特色社会主义又好又快发展；二是全国人民能够积极响应国家的一系列战略部署，共同攻坚克难汲取经验与教训，为中国特色社会主义又好又快发展提供不竭动力。

这些过往中的经验与教训深深指引和启发着中国未来的发展，高校学生作为新时代中国特色社会主义建设道路的核心力量，让学生了解中国各个阶段的过往至关重要，"四史"承载着中国的过往，将其融入高校思想政治课建设与发展道路之中，必然会帮助学生在历史经验和教训中找寻自我，明确自身未来的发展方向。因此，这也是"四史"融入高校思想政治理论课必须遵循历史导向原则的原因。

（二）结合历史材料的真实性说明中国各个阶段发展所取得的成果

历史发展道路中，成果是推动其发展的关键作用所在，未有成果的出现意味着发展的步伐停滞不前，中国共产党在带领全国人民探寻中国特色社会主义发展道路之中，虽然几经波折，但依然风雨无阻，收获了众多令世人瞩目的成果，成就了当代中国的发展。

新时代背景下高等院校承载着全面培养高质量人才的重要任务，思想政治理论课作为全面塑造学生理想信念和正确的世界观、人生观、价值观的主要阵地，让学生能够明确各个阶段中国发展所取得的成果至关重要。对此，"四史"有效融入高校思想政治理论课需要结合历史材料的真实性说

明各个阶段中国发展所取得的成果，这自然也是深入遵循历史导向原则必须关注的焦点。

（三）通过历史材料的真实性说明中国各个阶段发展所汲取的教训

党和国家在社会主义发展道路中几经沧桑巨变，最终迎来各项事业又好又快发展新局面，在无数风雨中党和国家带领着全国人民寻找攻坚克难的方法，在经历坎坷和波折的过程中不断汲取教训，进而成为中国特色社会主义实现又好又快发展的重要保证。对此，在新时代背景下中国特色社会主义事业发展必将迎来新的挑战，高校学生作为中坚力量必须掌握党和国家在谋求中国特色社会主义又好又快发展之路中所汲取的教训，由此方可确保自己成为新时代中国特色社会主义现代化强国建设中合格的一员。对此，"四史"记录着中国在各个历史阶段的真实经历，那么在高校思想理论课建设与发展中，有效将其融入就必须做到通过历史材料的真实性，将各个阶段中国发展所汲取的教训加以充分说明，由此充分体现出遵循历史导向原则的作用和意义。

三、能够让历史的真相揭示中国未来的发展

从历史导向原则的内涵层面分析，通过历史发展进程揭示未来是基本要求之一，也是有效回顾历史、展望未来较为直接的表达。针对"四史"有效融入高校思想政治理论课的过程与结果而言，历史导向原则显然是必不可少的原则之一，必须发挥出让历史的真相揭示中国未来的发展这一重要作用。

（一）立足历史成功经验映射中国未来发展

中国共产党领导下的中国是艰苦奋斗、自强不屈的中国，中国共产党领导下的中国人民更是伟大的人民，社会责任意识突出、具有强烈的民族自豪感和国家荣誉感。而党和国家，以及中国共产党领导下的中国人民之所以能呈现出这一精神状态，其最根本的原因在于中国共产党在不同历史时期带领中国人民经历了一次又一次的历史考验，取得辉煌成就的同时，也积累了诸多成功经验，这些经验不仅在当时有着推动历史进步的意义，

更有着指明中国特色社会主义未来发展方向的作用和价值。

高校学生作为中国未来特色社会主义现代化强国建设之路的中坚力量，引导学生深刻感知党和国家在不同历史背景之下，带领中国人民所得的成功，不仅可以坚定广大高校学生投身祖国未来社会主义事业建设与发展的信心，同时更为全面增强学生爱党、爱国、爱人民的情怀起到重要的推动作用。因此，在新时代高校思想政治理论课建设与发展道路中，"四史"的有效融入必须遵循历史导向原则，让历史的真相揭示中国未来的发展，而立足历史成功经验映射中国未来发展必须放在重要位置。

（二）立足历史教训阐明中国未来发展规划的原因

"经验"与"教训"永远处于并存的状态之下，在任何事物顺利完成并收获成功经验的同时，也会伴随相关的教训产生，无论是经验还是教训都会在未来处理相关事务中发挥重要的作用，所以总结成功经验和汲取教训应保持并存的状态。中国特色社会主义道路建设与发展之所以能够取得辉煌的成就，其根本的原因就是全党和全国人民始终以历史为根据，不断积累成功经验的同时，进行历史教训的总结，由此成就中华民族不断迈向新的辉煌，而这也正是尊重历史教训必将成就未来发展的有力说明。

中国共产党自诞生之日起，已经历百余年的风华，中华人民共和国成立也有 70 余年，在党和国家峥嵘岁月中不仅有数不胜数的成功经验被积累，同时也总结并汲取了诸多教训让现代中国在发展道路始终保持繁荣昌盛。为此，立足当代放眼未来，中国特色社会主义发展道路的建设在总结成功经验的同时，要不断汲取丰富的教训，让中国特色社会主义事业发展始终拥有极为广阔的发展前景。"四史"的融入要做到立足历史教训阐明中国未来发展规划的原因，确保学生在学习思想政治理论课过程中，不仅知其然更要知其所以然。

（三）立足当前中国发展现状揭示中国的未来发展

结合当今中国特色社会主义发展的现实状况，不难看出在各个领域不断取得新的突破，正在由"中国制造"向"中国创造"迈进，科技创新已经成为当今中国发展的代名词，并且在未来社会发展中依然会保持甚至超越这一发展势头。

在此期间，经济、文化、科技、教育、社会保障、生态建设等事业的飞速发展都离不开党的正确领导，以及广大中国人民开拓进取的精神作用，"又好又快"俨然成为当今中国特色社会主义发展的代名词，这些显然都被历史所记录下来，成为"社会主义发展史"的重要组成部分。对此，高校思想政治理论课建设与发展道路中，必须要让学生能够深刻感知当前中国发展的现实情况，让广大高校学生深知当前中国在各项事业所取得的成就和汲取的经验，故而让当今时代背景下的高校学生在树立民族自豪感和国家荣誉感的同时，能够准确判断未来中国发展的新方向，进而燃起位置不懈努力奋斗的热情。正因如此，"四史"有效融入高校思想政治理论课必须强调立足当前中国发展现状，揭示中国的未来发展，让历史导向原则的作用和意义能够得到充分体现。

通过本节所阐述的观点，能够体会到在新时代背景下的高校思想政治理论课建设与发展中，"四史"的融入过程和方法必须体现出历史的导向作用，由此确保学生通过"四史"更好地内化课程相关理论并充分掌握。故此"历史导向原则"就成为有效融入过程必须遵循的一项重要原则。

第二节　实事求是原则

"实事求是"是党和国家提出重大决策时遵循的一项重要基本原则，确保决策在实施的过程具有极强的可行性，并能充分体现出意义、作用、价值。

在新时代背景之下，高校思想政治理论课建设与发展需要迎接前所未有的新挑战，"四史"的有效融入是战胜各种挑战的重要法宝所在，各项措施的提出要确保具有较强的可行性，并实现意义、作用、价值的最大化。对此，遵循"实事求是"原则就成为一项最基本，也是最重要的要求所在。笔者接下来就通过四方面，对遵循实事求是原则的原因做出明确阐述，如

图 4-2 所示。

1
历史事件必须客观
存在

3
要结合客观存在的历史
事件加以深入的探讨

2
历史事件之间必须存
在一定的客观联系

4
精准把握历史事件的
性质、要素、发展规
律与趋势

图 4-2　贯彻落实实事求是原则的关键点

"四史"在高校思想政治理论课中的有效融入，其作用就是要充分发挥出历史说明、历史启示、历史导向作用，从而让广大高校学生更容易理解党和国家带领全国人民探寻、建设、发展社会主义所经历的艰辛，以及最终取得的各项胜利。对此，历史事件和历史人物真实存在性必须得到高度重视。

一、历史事件必须保证客观存在

"四史"融入高校思想政治理论课的最终目的是要以史为鉴去启迪广大高校学生的思想，帮助其树立正确的理想信念、价值观念、责任意识，为中华民族的伟大复兴不懈奋斗。所以历史事件必须保证客观存在，这也是融合过程始终以"实事求是"为原则的根本。

（一）必须确保史料的真实性

历史是记录下来的，绝非杜撰出来的。真实的历史之所以具有价值，最关键的一点就是因为其反映了客观事实，让人们能够从中总结出具有指导意义的经验与教训，用以指导未来的发展。

所以，在新时代背景下的高校思想政治理论课建设与发展过程中，"四史"的有效融入必须将史料的真实性放在最为重要的位置，只有确保史料记载真实存在，才能确保广大高校学生在接触"四史"的过程中，能够看到历史事件的真实性,让"四史"在高校思想政治理论课中的意义与价值得到最大程度呈现。

(二)必须保证历史事件的客观性

真实的历史材料是人们了解过去的根本途径之一,但是绝非唯一途径。人们客观了解过去的过程中不仅要确保历史材料真实存在,同时还要做到高度客观,能够全方位讲述历史事件发展的过程,这样才有助于人们更加客观地了解真实事件的经过,找出事件产生的原因,以及历史事件最终结果产生的必然性。这样更有助于人们从中积累相应的经验。

这也意味着在新时代高校思想政治理论课建设与发展中,"四史"的有效融入必须将历史事件的客观性放在重要位置,从客观历史事件中了解中国共产党诞生的历史背景,以及带领全国同胞经历艰苦卓绝的具体过程,从中所积累的经验与教训是怎样成就中国特色社会主义道路的发展,最终指向未来中国特色社会主义现代化强国的建设之路。

(三)必须保证历史资料的完整性

"历史不容删减",历史本身的真实性和客观性往往都是在历史高度完整的情况下呈现出来的,所以尊重历史的同时要确保历史的完整性,由此才能确保为人们带来深度的启发。对此,在新时代背景下的高校思想政治理论课建设与发展中,"四史"的有效融入必须确保历史资料完整性,让完整的历史事件有效串联起来,为广大高校学生带来一定的启发,感知自己应该借鉴哪些历史成功经验为社会主义事业的发展做出贡献,从而让学生在思想层面得到全方位升华。这是历史资料完整性才能带来的启发意义,更是全面提升新时代高校思想政治理论课品质的重要表现,从中彰显"四史"有效融入高校思想政治理论课的意义和价值。

二、历史事件之间必须存在某种客观联系

实事求是原则中,"实事"二字不仅体现在事件的真实存在方面,更体现在事件之间必须具有客观联系方面,因为只有明确真实事件之间存在的某种客观联系,这样事件本身所具有的说服力更强,为人们带来的启发也

会更加深刻。针对于此，在高校思想政治理论课中，"四史"的有效融入必须遵循实事求是原则，并且高度明确历史事件之间存在的客观联系。具体通过以下两方面进行深入论述。

（一）明确"四史"内容之间存在的关联性

从"四史"的界定来看，主要包括"党史""新中国史""改革开放史""社会主义发展史"四部巨作，它们之间存在较强的关联性，为人们带来深层次的启示。

就"党史"而言，主要揭示的就是中国共产党从诞生到带领全国人民开展武装斗争和建设发展的心路历程；就"新中国史"而言，向人们讲述的是中华人民共和国自诞生之日起至改革开放这一历史时期的过往，向人们明确中华人民共和国建设时期中国共产党带领全国人民所取得的丰功伟绩，以及总结出的历史经验和教训；就"改革开放史"而言，主要向人们介绍了在改革开放期间，中国共产党带领全国人民在哪些方面取得了历史性重大突破，并且伴随改革开放步伐不断加快，有哪些新突破值得当代人去回忆、深思、总结，从而得出发人警醒的历史经验和教训；就"社会主义发展史"而言，主要向人们介绍了中国在探索社会主义发展道路中所经历的六个阶段，并且每个阶段都是在怎样的历史背景下完成的，最终有哪些经验和教训需要永续传承下去，以此为新时代中国特色社会主义现代化强国建设提供强有力的经验支撑和经验引导作用。结合上述观点阐述不难发现，"四史"之间存在高度的关联性，能够为高校学生有效学习思想政治理论课相关理论提供史料说明作用。

（二）明确"四史"的启发作用呈现客观联系性

"四史"融入高校思想政治理论课的目的极为明确，就是要启发学生深度认知中国共产党带领全国人民所取得的伟大成就是有明确的历史作为依据的，反映出的历史规律能够为各个历史时期的时代发展起到决定性的推动作用。

对此，"四史"的启发作用要贯穿于高校思想政治理论课教育教学活动的全过程，让学生能够逐步受到启发，从中总结出历史发展的客观规律，并以此为依托探寻出怎样建设新时代中国特色社会主义现代化强国,自己应该从哪些方面不断加以强化,最终成为现代化强国建设过程中的一分子,发挥出自己的一份力量。这一过程让学生在思想层面、观念层面、意识层面得到升华,确保通过高校思想政治理论课学生思想工作可以上升到新高度,同时更要求"四史"启发作用呈现出客观联系性。

三、要结合客观存在的历史事件进行深入的探讨

从实事求是原则实施过程来看,尊重事实是最基本的条件,"四史"在高校思想政治理论课中的有效融入既要尊重客观事实,又要保持"求是"的态度。在"四史"有效融入高校思想政治理论课过程中,遵循实事求是原则要做到结合客观存在的历史事件进行深入的探讨。

接下来笔者就以此为立足点,明确结合客观存在的历史事件进行深入的探讨该原则的具体落实过程,如图4-3所示。

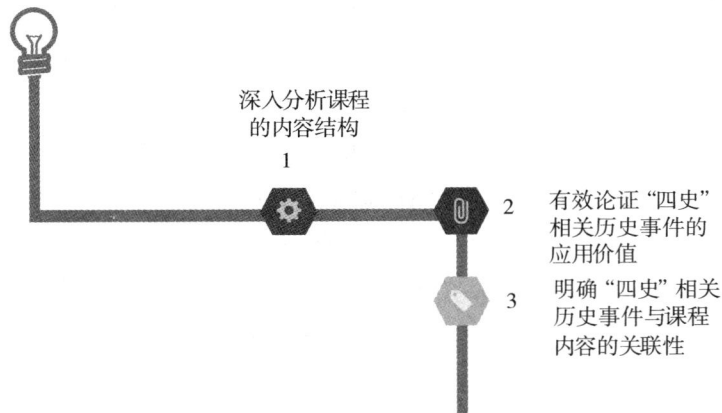

深入分析课程
的内容结构
1

2 有效论证"四史"
相关历史事件的
应用价值

3 明确"四史"相关
历史事件与课程
内容的关联性

图4-3 结合客观存在的历史事件进行深入探讨落实的过程

在高校思想政治理论课建设与发展中,"四史"的有效融入不仅要有明确的目标作为基本前提条件,更要有合理的融入原则提供保障。其中,结合客观存在的历史事件进行深入探讨是实事求是原则中至关重要的一环,确保课程大纲内容与"四史"中历史事件和历史人物之间始终保持紧密联系,用事实启发学生、引导学生、带动学生为祖国社会主义事业建设与发

展不断努力奋斗。

（一）深入分析高校思想政治理论课的内容结构

当前高校思想政治理论课的主要内容结构包括马克思主义基本原理概论、毛泽东思想和中国特色社会主义概论、中国近现代史纲要、思想道德与法律基础、形势与政策、民族理论与民族政策等多个内容结构，关乎社会主义发展的过去与未来，更承载着中国特色社会主义发展的过往，相关理论更为中国特色社会主义发展起到重要的理论指导作用，中国共产党领导下的中国人民更是以上述理论为基础，在实践中不断探索并以开拓创新的姿态最终建立中国特色社会主义发展之路，所取得的成功和积累的教训也被历史所铭记。因此，在将"四史"有效融入的过程中，必须对其内容结构进行深入分析，由此方可从中找出其切入点，最终为实事求是原则能够在融合过程充分体现提供极为有利的前提。

（二）有效论证"四史"相关历史事件在课程教学中的应用价值

我党将"党史""新中国史""改革开放史""社会主义发展史"统称为"四史"，并且号召在全国范围内进行"四史"的深入学习，高校作为培养高质量人才的摇篮，更要大力响应该号召。高校思想政治理论课作为全面引领高校学生思想、价值、道德观念的"主阵地"，显然要将"四史"的有效融入作为全面提升高校思想政治理论课水平的重要抓手。其间，确保"四史"的相关历史事件能够在课程教学中充分体现出应用价值，首先必须针对历史事件的历史意义做出深入分析，同时还要结合真实历史事件对高校学生的启发作用做出准确判断，由此方可论证出"四史"相关历史事件在课程教学中的应用价值，确保"四史"融入高校思想政治理论课的过程始终保持"求是"的态度，让"四史"在高校思想政治理论课教育教学活动中，真正体现出对高校学生思想、价值、道德、历史观念的正确引领作用。

（三）明确"四史"相关历史事件与高校思想政治理论课内容结构的内在联系

"四史"主要记录的是党和国家在带领全国人民谋求发展过程中的具体

经历，更是党和国家在探索社会主义发展道路中理论实践的承载。所以在高校思想政治理论课建设与发展中，为了更好地满足新时代中国特色社会主义现代化强国建设的总体要求，必须做到不忘初心、牢记使命。但明确初心和使命就必须追溯中国共产党和国家在带领全国人民探寻社会主义发展道路的历史，而这段历史正印证了社会主义相关理论的可行性和实践价值。对此，这足可以证明"四史"与高校思想政治理论课之间的内在联系，同时也能充分证明将其融入高校思想政治理论课的可行性与必要性，这是遵循"实事求是"原则必不可少的一环。

四、精准把握历史事件的性质、要素、发展规律与趋势

"四史"融入高校思想政治理论课的过程中，需要精准把握历史事件的性质、要素、发展规律与趋势，以确保"四史"融入的过程始终与高校思想政治理论课教育教学工作的实际需要相统一，所以这也是遵循实事求是原则必须达到的一项要求。

（一）准确分析真实历史事件的性质

从历史发展的角度分析，历史事件的产生、经过、结果都是历史必然，其所能够呈现出的意义与价值各不相同，所以给后人带来的启示也各不相同，对其进行准确分析必然能够为未来发展起到至关重要的推动作用。

"四史"作为记录党和国家在不同历史时期的发展历程，以及全国人民在谋求可持续发展道路中所经历的大事件的载体，在高校思想政治理论课教育教学活动中，将其有效融入必然能够起到实践证明的作用。对此，在"四史"融入高校思想政治理论课的过程中，遵循"实事求是"原则就要做到准确分析真实历史事件的性质，从而确保"四史"相关历史事件能够更好地为高校学生掌握课程理论提供有力支撑，让我党"理论联系实际"的优良作风在高校思想政治理论课中得以广泛传承。

（二）明确历史事件的主要构成要素

任何重大历史事件的产生都是源于多因素共同作用，缺少任何一个因素都不会构成历史，正因为构成因素的不同，所以历史事件的性质也会不

同，对社会发展所产生的影响自然也不相同。

对此，"四史"有效融入高校思想政治理论课的过程中，历史事件是否能够在课程教学活动中真正适用，不仅要准确分析其性质所在，更要针对其构成要素进行深入的分析。首先，要审视"四史"所包含的主要历史事件；其次，对每一历史事件的构成因素做出系统分析；最终，将与课程教学目标和内容相匹配的历史事件进行归纳与整理，确保高校思想政治理论课始终保持教学大纲和"四史"两条主线共同进行，实现高校学生在思想政治理论课程的学习中，始终能够保持"实事求是"的态度。

（三）有效把握历史事件的发展规律和发展趋势

历史发展的规律和发展的趋势必然会给人们带来启发，这也是人们深入探究历史的意义所在。对此，在高校思想政治理论课建设与发展中，做到立足实事求是原则，就必须深刻意识到有效把握历史事件的发展规律和发展趋势重要性所在。

既要做到有效选择具有历史影响意义的重大历史事件，又要对其成因、发展过程、未来影响进行深入分析，从中得出历史发展过程必然经历的阶段有哪些，对当今社会发展带来了哪些影响，根据其规律可以判断在未来会受到哪些影响，进而让广大高校学生能够找准未来发展的方向，促进其思想、观念、意识的正确发展。

结合本节观点可以看出在新时代高校思想政治理论课建设与发展中，"四史"的有效融入其作用、意义、价值极为突出，但必须做到融入过程必须确保历史事件的真实性，同时还要确保充分体现融入的效果，故此"实事求是"就成为融入过程必须坚持的原则之一。与此同时，能够让广大高校学生在思想政治理论课程学习中，因"四史"的融入而形成、强化自身实事求是的态度。

第三节 整体性原则

整体性原则作为一项基本的教育原则，各项教育教学工作的开展都要遵循该原则。在新时代背景之下高校思想政治理论课建设与发展也必须遵循这一原则，"四史"的有效融入更是如此。遵循该原则必须做好以下四点，具体如图 4-4 所示。

1
融入的目标要体现出整体性

2
融入的内容要体现整体性

3
融入后的课程组织与实施方式要体现出整体性

4
融入后的课程评价要体现出整体性

图 4-4 整体性原则实施过程的注意事项

一、融入的目标要体现出整体性

高校思想政治理论课程教学目标就是要让学生在理论知识、实践技能、学习能力、情感态度方面得到培养，让学生通过思想政治理论课的学习过程，不仅能掌握完整的理论体系，还能获得适合自己的学习方法，并且能够具备理论联系实际的能力，最终实现围绕相关理论确立起正确的世界观、人生观、价值观。故此，"四史"融入能够助力高校思想政治理论课更好地达到上述课程教学目标，但是必须在融入的目标与课程教学目标之间形成有机整体。

（一）与高校学生知识与技能目标相一致

从高校思想政治理论课教学的目标体系构成来看，知识与技能作为基础目标，强调学生通过课程学习能够掌握一套较为完善的知识理论体系和实践技能，确保学生实现理论与实践的相结合。

虽然"四史"作为中国共产党带领全国人民实现当家做主、奔向美好生活的奋斗史，其历史实践的说明作用极为明显，将其有效融入高校思想政治理论课具有必要性和可行性，但依然要确保融入的过程能够与思想政治理论课教学目标相一致，使学生理论知识体系和实践技能得到全面培养，启发学生在新时代中国特色社会主义现代化强国建设中不断完善自己，不断努力奋斗。

（二）与高校学生学习过程与方法相统一

过程与方法目标作为高校思想政治理论课程教学目标的基本构成之一，是确保学生在学习新知识与新技能的过程中，能够找到适合自己的学习方法，从而提高学习效率。

在此过程中，教师要采用与之相适合的教学手段，并且做到始终以学生为中心，为学生提供各种学习支持与服务，最终帮助学生理解、接受、掌握所学习的知识和技能并进行内化。课堂实践活动为"四史"有效融入高校思想政治理论课提供较为理想的资源。对此，这就意味着融入过程的目标必须与学生学习过程与方法的培养目标相统一，为融入结果的科学有效性提供前提条件，最终助力学生能够养成一个适合自己的学习习惯。

（三）与高校学生情感态度与价值观念养成相同步

随着高等教育新课程改革的不断深化，课程教学的基本目标不在局限于学生知识与技能、过程与方法的养成教育，而是将学生素养的全面培育作为重要组成部分，让学生不仅能够深刻感知课程究竟要学什么和怎样学，更重要的是为谁而学，由此情感态度与价值观念就成为高校思想政治理论课教学目标体系的重要组成。

其中，不仅要让学生掌握基本的理论知识和实践技能，同时还要让学生能够找到理想的学习方法，并养成良好的学习习惯，更重要的是还要促进学生家国情怀、责任意识、理想信念等多方面的全面发展，最终推动学生能够树立起强大的道路自信、理论自信、制度自信、文化自信。为此，"四史"有效融入高校思想政治理论课的目标要与高校学生情感态度与价值观念同步，确保高校思想政治理论课能够达成最理想的课程教学目标。

二、融入的内容要体现出整体性

就高校思想政治理论课建设与发展而言，课程内容建设是至关重要的一项，内容是否达到高度的系统化和整体化直接影响课程教学的最终成果。故此，在高校思想政治理论课建设与发展道路中，"四史"的有效融入必须做到在内容上能够与现有的课程内容之间形成整体性。具体应该做到以下三方面。

（一）历史事件与课程相关理论教学内容形成整体

高校思想政治理论课的内容体系构成主要包括六部分："马克思主义基本原理概论""毛泽东思想和中国特色社会主义理论体系概论""中国近现代史纲要""思想道德修养与法律基础""形势与政策""民族理论与民族政策"。

其中，每个部分课程内容体系又包含若干具体内容，可见高校思想政治理论课的内容体系具有极强的系统性。针对于此，"四史"内容的融入是否有效，关键在于所融入的历史事件能否与课程相关理论教学内容相互兼容，进而形成一个整体，由此确保历史事件中的实践经验与教训能够为高校学生理解和掌握相关理论提供重要的促进作用，最终实现充分内化理论观点，增加学生关于高校思想政治理论课内容体系的认知深度。而这也是"四史"有效融入高校思想政治理论课过程中，遵循整体性原则的又一直观表达。

（二）历史事件帮助深化课程相关理论教学内容

"四史"作为我党和我国发展道路中所凝练出的精华，反映出中国共产党在带领全国人民谋求幸福过程中所经历的坎坷，以及收获的喜悦。所以其中每个历史事件都具有历史导向意义，同时也有深刻启发作用，能够帮助深化高校思想政治理论课相关教学内容，对其进行充分的解读必然会为大学生的思想、观念、意识层面提供重要的启发，让大学生的内心得到全面升华。

思想政治理论课要用团结奋斗精神塑造大学生的价值观。团结奋斗的本质反映的是人们为了实现共同理想和愿望采取的共同的行动，体现了共同的意志，揭示了共同体的精神力量，彰显了共同的价值取向。团结奋斗精神不仅能够反映出一个人对待人与人、人与社会关系的认识，而且也是实现人的社会化的重要手段，是正确价值观的集中体现。恩格斯在《路德维希·费尔巴哈和德国古典哲学的终结》一文中指出："无论历史的结局如何，人们总是通过每一个人追求他自己的、自觉预期的目的来创造他们的历史，而这许多按不同方向活动的愿望及其对外部世界的各种各样的合力，就是历史。"恩格斯的"合力论"凸显了推动和创造历史的并不是依靠单一的个体力量的结果，而是无数个体汇聚而成的集体合力的结果。中华人民共和国书写的历史同样也是中国共产党团结带领广大人民群众共同书写的历史。在中华人民共和国建设过程中，正是党与人民同甘共苦、团结奋斗，共同建立了中国特色社会主义制度，开创了中国特色社会主义道路，共同谱写了中华民族辉煌的历史。思想政治理论课担负着塑造学生价值观的重要任务，新中国史中的雷锋、焦裕禄、王进喜、邓稼先等英雄人物以其感人的英雄事迹生动诠释了一个人应有的价值观，同时也生动再现了他们为了人民利益和集体荣誉团结奋斗、不惜牺牲个人利益的高尚情操。思想政治理论课要充分挖掘新中国史中的英雄人物和英雄事迹，进一步激发大学生的团结意识、合作精神和集体荣誉感，让团结奋斗精神滋养大学生的精神世界，使其成为大学生精神生活的重要组成部分，助推其精神境界的提升。

为此，在高校思想政治理论课建设与发展中，"四史"的有效融入应体现在有助于课程相关理论教学内容的全面深化，让学生更系统、更整体化地理解理论思想和观点所具有的现实意义，从中激发学生爱党、爱国情怀的同时，还要让学生更好地理解、接受、掌握、内化相关的理论知识，能够在未来发展中做出正确的决策，最终达到全面培养自身思想、价值、道德、历史观念正确行程的目的。而这也体现出"四史"有效融入高校思想政治理论课过程中的整体性原则。

（三）历史事件帮助延展课程相关理论教学内容

高校思想政治理论课内容体系具有极为突出的理论性特征。正是这一特征所致，课程教学全过程不免会让学生感到枯燥。其原因主要体现在课程内容量较大，且与自己的实际生活并没有形成紧密的联系。故此，广大高校思想政治理论课程建设与发展道路中，都会选择一些真实的案例进行课程内容的丰富，尽可能让课程教学效果达到最佳。这也是"四史"融入高校思想政治理论课的可行性所在，然而在融入过程之中，必须确保真实的历史事件不仅能够体现出实践证明作用，同时还要具有促进课程相关理论教学内容延展的作用，由此方可确保高校学生思想工作有效开展。而这显然也是"四史"有效融入高校思想政治理论课过程中，遵循整体性原则的又一侧重点，广大高校思想政治理论课教师必须加以高度关注。

三、融入后的课程组织与实施方式要体现出整体性

在课程教育教学活动中，所谓的"整体性"就是无论是在课程教学目标上，还是在课程教学内容与方法上，都要做到以整体的形式存在，彼此之间不能存在割裂现象，甚至相互分离，由此确保教学活动能够以完整而又统一的模式来进行。对此，在高校思想政治理论课中，"四史"的有效融入必须做到融入后的课程组织与实施方式保持高度整体性，以此确保融入的效果达到最佳，这也是对整体性原则的进一步说明。

（一）"线上"与"线下"教学的同步进行

随着时代发展，科学技术发展步伐不断加快推动了教育技术更新换代，"线上教育"已经成为高校教育教学活动的重要载体，不仅为"教"与"学"活动的开展过程带来了便捷，更让学生知识与技能、能力与素养的提升速度不断加快，高校思想政治理论课也不例外。

"线上"与"线下"相结合已经成为高校思想政治理论课教学活动的主要模式，这也为"四史"有效融入高校思想政治理论课提出了新的挑战，

融入的内容要有助于"线上"和"线下"教育教学活动的全面开展，进而体现出"四史"有效融入高校思想政治理论课的整体性原则，广大教育工作者必须提起高度重视。

（二）有效落实理想的教学手段

从课程教学走向成功的必然条件出发，理想的教学手段显然是课程教学通往成功的桥梁所在，高校思想政治理论课全面提高课程教学质量显然也要不断开发理想的教学手段，并将其有效加以运用。

为此，在"四史"有效融入高校思想政治理论课，并将其作用与价值充分发挥的过程中，必须深入考虑到现有的教学手段，是否能够支持相关内容的有效进行。其间，如果答案为肯定，那么必然会推动学生在相关理论体系学习的过程中，运用"四史"内容加以有效理解；如果答案为否定，那么必然会导致"四史"内容的融入要颠覆现有的教学手段，进行课程教学活动的同时，必须开展相应的教学手段甚至是教学模式的改革，从而找到理想的教学手段，确保整体性原则贯彻与落实。

（三）师生之间保持紧密的双向互动

从课程教学氛围角度出发，师生之间和生生之间保持良好互动显然是较为理想的教学氛围。

就师生之间关系而言，教师能够向学生有效布置互动话题，学生可以积极说出自己的想法，教师以此为切入点引导和启发学生一步步完成学习活动，从中收获新知识与新技能，同时帮助学生全面提升各项学习能力和素质。

就学生之间关系而言，学生之间能够相互交换自己的观点，根据观点的差异性进行验证和说明，进而形成良好的探究学习过程，在无形中收获适合自己的学习方式与方法，高校思想政治理论课教学活动自然也不排除在外。对此，这就要求广大高校思想政治理论课教师在将"四史"融入课程教学活动的过程中，必须做到能够推动师生之间保持紧密的双向互动，不会因"四史"内容的融入而打破这一良好的学习氛围，而这也是保证课程组织与实施方式整体性的重要手段，进而保证"四史"有效融入高校思想政治理论课遵循整体性原则。

四、融入后的课程评价要体现出整体性

高校思想政治理论课建设与发展中，"四史"融入的有效性不仅体现在融入的过程上，更体现在融入的结果上。对此，有效开展融入后的课程评价至关重要，这能够为"四史"在高校思想政治理论课中的启发与引导作用实现最大化提供重要保证。因此，融入后的课程评价必须要与高校思想政治理论课的课程评价形成一个整体，而这也是整体性原则的重要组成部分，该原则在实践过程中的具体表现如图 4-5 所示。

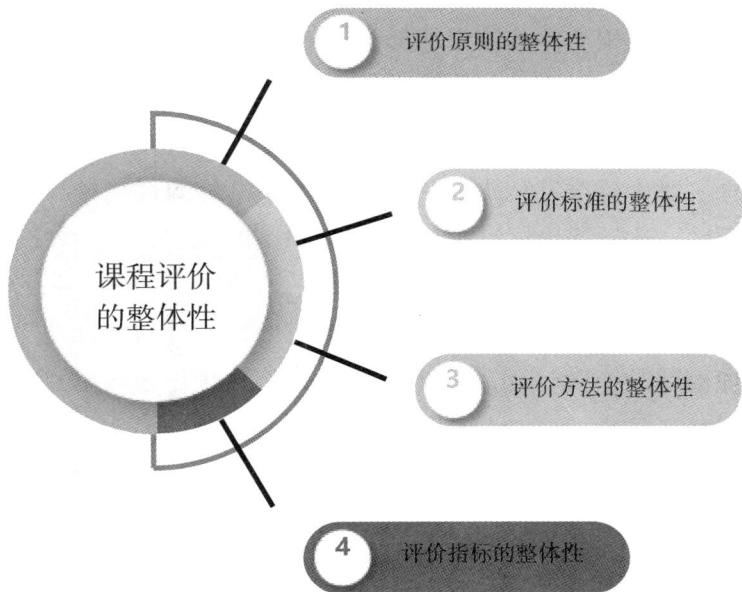

1 评价原则的整体性

2 评价标准的整体性

课程评价
的整体性

3 评价方法的整体性

4 评价指标的整体性

图 4-5 体现融入后课程评价整体性的关键点

课程体系建设与发展道路中，课程评价无疑是至关重要的组成部分，所以在"四史"有效融入高校思想政治理论课的全过程中，整体性原则的全面落实必须也要体现在课程评价方面，其中评价原则、评价标准、评价方法、评价指标都需要保持高度的整体性，由此方可确保"四史"融入的过程可以得到及时优化与调整，确保高校思想政治理论课建设与发展的质

量不断提升。

（一）评价原则的整体性

从评价体系构建的全过程来看，制定评价原则是首要环节，其原因在于评价原则就是评价的主要视角，其准确性和有效性事关开展评价工作的方向是否准确。所以在各项评价工作开展过程中，科学制定评价原则通常被认定为基础所在，对于"四史"有效融入高校思想政治理论课后的课程评价也是如此。客观性、有效性、指导性、发展性原则是评价原则中的重要组成部分，同时还要做到围绕实事求是、整体性、历史导向性、总揽性与条理性原则作为重要补充，进而确保更加客观整体地评价"四史"融入的有效性，评价过程与评价结果能够为有效优化融合的方法提供重要依据，让"四史"在高校思想政治理论课中的作用与价值得到最大化呈现。

（二）评价标准的整体性

所谓的"评价标准"，就是在对事物进行评价的过程中，确立一个较为合理的标尺，达到评价标准则认定为行为结果达到要求，反之则不然。

对此，在评价指标体系的构建中，确立评价标准也是一项必不可少的环节，同样能够影响评价结果的客观性与有效性，针对"四史"融入高校思想政治理论课的有效性而言，评价标准是将高校思想政治理论课程标准作为主体，并且结合对学生提供的引导与启发作用，制定出相应的具有整体性的评价标准，以保评价结果能够客观认定融入过程与结果的合理性、有效性、科学性。

（三）评价方法的整体性

高校思想政治理论课建设与发展道路中，"四史"融入是否有效必须要有明确的评价过程作为保证，通过评价结果将其客观反映出来。

在此期间，要做到评价方法与高校思想政治理论课程的评价方法保持高度的统一，保证其整体性。将社会、学校、教师、学生作为评价主体，通过定性与定量评价相结合的方式来进行，将调查问卷和专家访谈作为两个根本途径，同时学校、教师、学生能够针对"四史"融入的过程与效果形成全方位的表达。最终通过相关数据的综合，得出高校思想政治理论课建设与发展道路中，"四史"融入的有效性，并且在评价结果中客观体现出相关的建议，进而为有效优化融入的过程和方法提供重要依据。

（四）评价指标的整体性

从评价体系构建的角度讲，完善评价指标体系也是必不可少的环节，同时该环节会对评价结果的客观性和准确性起到决定性作用。对此，在高校思政理论课建设与发展道路中，评价"四史"融入的过程与结果是否高度有效，关键要看是否有完善的评价指标体系作为支撑。

在这里，不仅需要广大高校思想政治理论课教师完善原有的课程评价指标，更要针对"四史"融入所体现出的作用和价值将评价指标体系加以完善。其中，主要体现在"四史"内容是否能够与教学大纲规定的内容相兼容，真实历史事件的融入是否能够在固有的教学方法中进行，实施融入的目标是否与高校思想政治课教学目标高度适应，学生能否从中受到相应启发等。在此基础上，还要将评价指标进行具体细化，以求评价指标的整体性及评价结果的客观性。

纵观本节所论述的观点，可以看出"四史"在高校思想政治理论课中的融入并非是形式上的融入，而是要伴随在课程目标、课程内容、课程教学方法、课程评价的各个环节，故而遵循整体性原则可以保证"四史"有效融入。

第四节 总揽性与条理性原则

所谓的"总揽性"原则，指的就是在从事某一行为活动之前要着眼于大局，认真分析行为活动是否能够影响原有的活动整体，从而做出相应的行为及活动实施方案调整；所谓的"条理性"，主要是指在从事某一活动过程中，能够有条不紊地进行，让活动过程始终保持井井有条，充分彰显活动本身的合理性。对此，面对新时代高校思想政治理论课建设与发展的新要求，"四史"的有效融入过程必须强调其总揽性和条理性，所应注意的事项如图 4-6 所示。

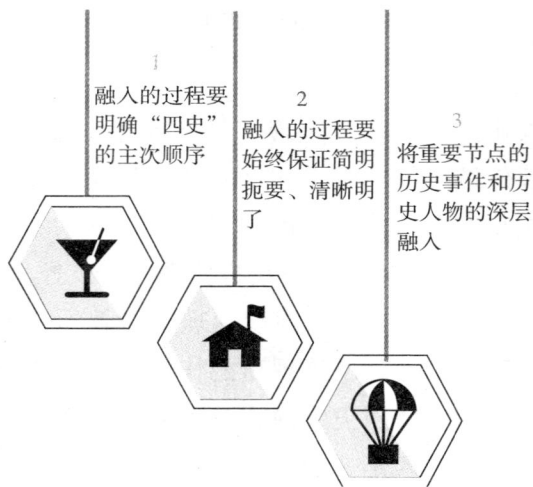

图 4-6　总揽性与条理性原则贯彻与实施的注意事项

"四史"有效融入高校思想政治理论课实施过程中，任何行为都会导致相应的结果产生，所以必须坚持总揽性与条理性原则。但是要想在实践中切实将其转化为现实，上述三个注意事项必须得到高度关注。

一、明确"四史"融入高校思想政治理论课的主次顺序

众所周知，课程内容的建设是一项极为系统的工程，能否达到预期目标不仅体现在融入的内容是否与原有保持高度契合，更为重要的是所增加的内容是否能逐步体现出引导和启发作用。所以课程建设过程中，新内容的融入主次顺序极为重要。在新时代背景下，高校思想政治理论课建设与发展过程中，"四史"有效融入更是如此，必须总揽全局，高度明确其主次顺序。

（一）"党史"的融入应放在首位

中国共产党的诞生标志着中国人民的命运将发生根本性的改变，人民成为国家的主人，随着时代的发展，中国共产党带领全国人民在艰苦奋斗中摸索出了一条适合中国国情的社会主义发展之路，不仅实现了用占全世界不足 10% 的耕地解决占全世界人口总数 22% 的人口吃饭问题，同时还在

科学技术等领域不断实现新的突破，不断拉近与世界发达国家距离。

随着时代发展脚步不断加快，广大中国人民在中国共产党的带领下揭开了改革开放的序幕，不仅加快了中国经济的飞速发展，更让具有中国特色的传统文化走向世界，让全世界更多的人愿意了解中国、接受中国、向往中国，并致力建立"人类命运共同体"伟大目标的全面实现。面对新时代的到来，中国特色社会主义现代化强国的建设已经开启了新征程，如何确保高校学生坚定不移跟党走显然成为高校思想政治理论课必须完成好的一项新任务，也是全面深化高校学生思想工作最有力的抓手，所以"四史"的融入必须将"党史"有效融入置于首位。

（二）"新中国史"的融入次之

中华人民共和国的诞生是无数革命先烈和中华儿女经历艰苦卓绝的奋斗得来的成果，让伟大的中国人民以傲人的姿态呈现于世界人民面前，从诞生到发展虽然伴随着战火与硝烟，伴随着各种艰难与困苦，但终究没有压垮伟大的中国人民，民族斗志和民族精神筑起了伟大的精神长城。

中华民族在伟大复兴的道路中，必须要深刻了解新时代的中国从何处走来、经历了什么、得到了什么，最终才能知晓未来的发展究竟在何方。高校思想政治理论课作为全面开展高校学生思想工作的"前沿阵地"，让学生能够深度了解以上内容是加快学生思想成长的重要抓手，由此"新中国史"的融入应该放在重要位置。另外，"没有共产党就没有中华人民共和国"是众所周知的道理，所以"四史"有效融入高校思想政治理论课显然要将"新中国史"的融入放在"党史"之后。

（三）"改革开放史"的融入紧随其后

"改革开放"标志着中国发展进入了新纪元，是中华人民共和国诞生以来开天辟地的大事件，更是当今中国在经济、文化、科技、教育等多领域实现可持续高速发展的基础。

但是，中国改革开放不仅仅是一项重大决策，在实践中所经历的坎坷与波折更是值得每一位中国人去回忆、去深思、去总结。面对当今时代发展步伐的不断加快，党的十九大胜利召开向世人传递了一个响亮的信号，新时代的中国已经开启了全面建设中国特色社会主义现代化强国之路，中华民族又向实现民族伟大复兴的目标迈进了一步，中国不再是一个单纯的生产制造业大国，更是一个极富创造力的创新型国家。在这一时代背景之下，高校思想政治理论课必须要让学生全面回顾中国历经艰难的"改革开放史"，从中找出未来长远发展的视角，并且为自身的可持续发展做出正确决策，由此才能将自身的社会价值转化为新时代中国特色社会主义现代化强国建设的动力。

（四）"社会主义发展史"最后出场

中国特色社会主义道路的建设与发展之路可以用两个词来形容，即"千难万险""沧桑巨变"，前者毫无疑问指的是过程，后者则是所取得的成果。

迎接新时代，中国特色社会主义现代化强国建设之路所承接的是社会主义发展的过去，在一系列举世瞩目成果的基础上，新时代的中国放眼未来的发展，努力去争取中华民族伟大复兴的目标全面实现，而这一过程显然要以"社会主义发展史"作为契机，从经验教训中找到未来发展与前进之路。故此，在新时代中国特色社会主义现代化强国之路的建设与发展中，高校思想政治理论课必须将"社会主义发展史"置于重要位置，最后出场。确保学生了解党的心路历程、中华人民共和国的发展历程、改革开放的坎坷与艰辛基础上，明确社会主义发展所经历的沧桑巨变，由此方可确保广大高校学生能够客观认知中国特色社会主义的未来发展，引导学生以饱满的热情投身于新时代中国特色社会主义现代化强国之路的建设与发展之中。

二、"四史"融入的过程要做到简洁明了

从"四史"有效融入高校思想政治理论课的目的出发，就是要用真实的历史事件说明所要学习的相关理论，对党和国家以及自身的未来发展有着重要的指向作用，从而让学生能够受到深层次的启发，树立正确的思想、观念、意识，促进广大高校学生能够全身心投入到新时代中国特色社会主义现代化强国建设中去。故此，在融入过程中既要做到全方位考虑，同时还要做到融入过程简洁明了，让学生能够更清晰、更有效地将其接受，从

中受到启发并在内心深处形成烙印，并以此确保融入过程的条理性。在此期间，应从四个方面加以高度重视，具体如下。

（一）融入的目标简洁明了

课程目标是指课程教学活动中的主要意图，往往也是课程教学活动开展的具体方向所在，一节成功的教学活动课堂必须要有明确的课堂教学目标作为前提，由此方可确保各个教学活动在细节上保持高度的科学性与合理性。

针对于此，"四史"有效融入高校思想政治理论课必然也要与课程教学目标高度匹配，做到融入目标简洁明了，集中指向学生思想、观念、意识的培养方向和培养效果，进而确保融入后的实施过程具有极强的高效性。其间，针对学生知识与技能目标而言，要让学生能够掌握"四史"的来龙去脉，建立一个完整的知识体系，同时能够形成围绕思想政治理论课程的基本思路，掌握有效学习"四史"的各项技能；针对过程与方法目标而言，要确保"四史"的融入能够借助课程教学固有的方法，启迪学生思想、观念、意识的全面培养，在掌握一套适合自己的学习方法的基础上，最终形成高效学习的良好习惯；针对情感态度与价值观念目标而言，要确保"四史"融入过程能够激发出学生高度的爱党、爱国、拥护社会主义发展的情感，并最终形成良好的家国情怀；针对立德树人目标而言，要让学生通过解读党和国家发展道路的过程，深刻感知"为人民服务"的宗旨，确保学生家国情怀的产生过程始终伴随家国责任意识的形成过程，力保"四史"有效融入高校思想政治理论课。

（二）融入的内容简洁明了

融入内容的有效性是"四史"有效融入高校思想政治理论课的关键，如果融入的内容有效性较低，不能与高校思想政治理论课之间形成契合，那么造成的必然后果就是学生无法结合真实的史料记载，将课程相关理论加以内化，思想政治理论课的课程教学效果自然也不会趋于理想化。

针对于此，这就意味广大高校思想政治理论课教师在进行课程内容构建的过程中，必须结合相关理论所要揭示的道理，有针对性的选择"四史"

中的相关事件，将真实的事件融入理论课程内容体系之中，让学生能够在真实的历史事件中形成"理论联系实际"的意识，达到"四史"有效融入高校思想政治理论课的最终目的。

（三）融入的方法简洁明了

"四史"中的每一部都毫无疑问是一部奋斗史和发展史，其内容量是极为庞大的，将其有效融入高校思想政治理论课是一项极为系统的工程。因此，必须注重融入方法，根据高校思想政治理论课固有的课程内容和"四史"的相关历史事件，选取"四史"中与高校思想政治理论课具有高度匹配性的内容，并且事件必须包括起因、经过、结果三个部分，力求在学生学习理论知识过程中，充分展现历史事件的实践说明作用，让高校学生从中受到深度启发。在融入过程中，要充分考虑历史事件的融入是否有助于教学方法的进一步实施，由此让"四史"内容成为激发学生高校思想政治理论课学习兴趣的有力推手。

（四）融入结果的评价要简洁明了

课程评价是课程建设全过程的重要组成部分，是针对课程建设成果的系统考核，评价结果直接反映出课程建设能否达到预期目标，对学生知识与技能、能力与素质的培养能否达到最佳效果。

在新时代高校思想政治课建设与发展中，"四史"有效融入必须要有完善的评价体系作为支撑，以此来确保融入的结果更加趋于理想化。因此，在评价原则的明确、评价标准的制定、评价方法的选择、评价指标的构建方面，都要做到简洁明了，从而让评价的过程更加具有高效性，评价的结果更加具有指向性，能够为"四史"有效融入高校思想政治理论课提供较为直接的信息反馈，从中获得有效改进融入过程的最佳方案，全面确保"四史"融入高校思想政治理论课的效果始终保持最佳状态。

三、要将重要历史节点的事件融入高校思想政治理论课之中

在新时代背景之下，高校思想政治理论课建设与发展道路中，实现全面提质增效显然并非易事，真正做到融入过程具有总揽性与条理性就要做

到深层融入重要节点的历史事件和历史人物，具体从以下两方面入手。

（一）融入改变中国命运的历史事件

分析"四史"的条理性，可以深刻体会到中国命运一步步的改变：党和国家的诞生标志着中国人民新生活的开启；伴随时代的发展，一个个历史发展新阶段的开启使中国人民实现生活美满与富足；党和国家一步步发展壮大，并不断颠覆着世界的固有认知。

对此，在高校思想政治理论课建设之路中，"四史"的有效融入必须牢牢把握住"四史"所呈现出的条理性，做到将具有改变中国命运的历史事件融入其中，让广大高校学生能够深刻体会改变中国命运的历史节点究竟是什么，其意义究竟体现在哪些方面，进而为高校学生学习课程相关理论知识提供重要启发作用夯实基础，有效彰显出"四史"在高校思想政治理论课教育教学中的作用和价值。

（二）融入承载决定中国命运发生变革的导火索和推动性事件

一切具有决定性的历史事件产生都绝非偶然，势必会有导火索和将事件推向高潮的相关事件存在，对事件产生一定的影响。最终随着时间的推移，孕育出下一个决定性历史事件。

因此，明确各个具有决定性历史事件产生的导火索，以及推动其走向高潮的相关事件，将其进行整理和深入分析，必然会有一定的经验和教训值得借鉴，能够为时代的发展提供强有力的保证。纵观我国当前所处于的时代发展大环境和所肩负的任务和使命，高校学生作为新时代中国特色社会主义现代化强国建设之路的中坚力量，必须深刻认知决定中国命运发生变革的导火索和推动性事件，从中汲取经验和教训，为实现中华民族的伟大复兴中国梦贡献自己的力量。所以，融入承载决定中国命运发生变革的导火索和推动性事件，显然是将"四史"有条理的融入高校思想政治理论课关键一环。

综合本章各节所阐述的观点不难发现，在新时代背景下高校人才培养中，高质量人才的界定已经不局限于学科专业素养、学科专业技能、学科专业知识三方面水平，坚定的理想信念及正确的思想观念、价值观念、道德观念是界定高质量人才的又一重要条件所在。针对后者而言高校思想政治理论课发挥重要载体作用，为保证"四史"的有效融入使载体作用达到最大化。必须遵循历史导向原则、实事求是原则、整体性原则、总揽性与条理性原则。

第五章 "四史"融入高校思想政治理论课的路径

前文中已经针对新时代背景下"四史"有效融入高校思想政治理论课的可行性、必要性、目标、原则进行了详细介绍，可以看出在实践中真正将其转化为现实并非易事，需要有具体的是行动路径作为支撑。为此，笔者在进行本章内容阐述之前，先将路径的基本构成加以明示，具体如图5-1所示。

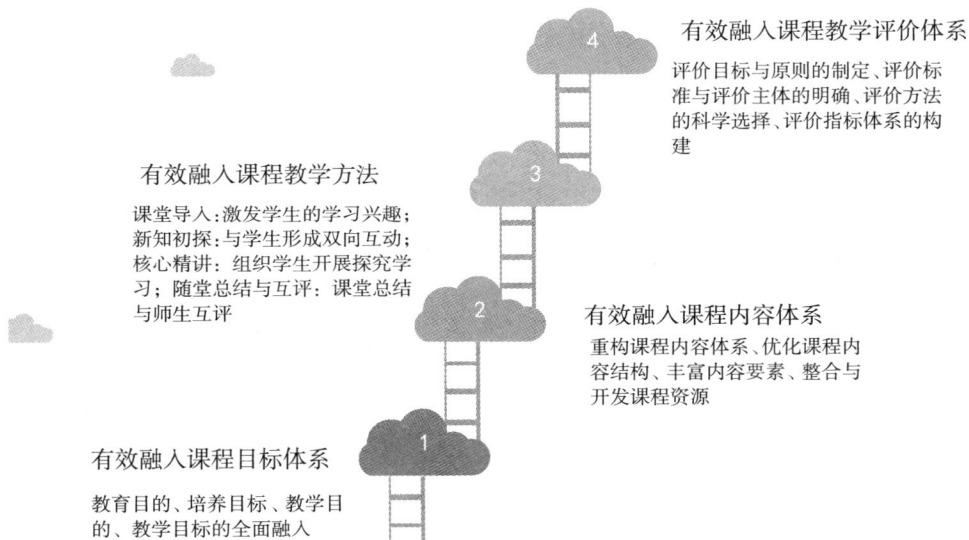

有效融入课程教学评价体系
评价目标与原则的制定、评价标准与评价主体的明确、评价方法的科学选择、评价指标体系的构建

有效融入课程教学方法
课堂导入：激发学生的学习兴趣；新知初探：与学生形成双向互动；核心精讲：组织学生开展探究学习；随堂总结与互评：课堂总结与师生互评

有效融入课程内容体系
重构课程内容体系、优化课程内容结构、丰富内容要素、整合与开发课程资源

有效融入课程目标体系
教育目的、培养目标、教学目的、教学目标的全面融入

图5-1 "四史"融入高校思想政治理论课的路径

新时代背景下的高校思想政治理论课建设与发展道路中，"四史"的有效融入过程极具系统性，不仅在课程目标上要高度融入，还要确保在内容、教学方法、课程评价上有效融入，由此才能确保"四史"教育人、引导人、启发人的作用充分体现。基于此，笔者在本章中针对具体的融入路径构建过程做出明确的阐述。

第一节　"四史"融入高校思想政治理论课程目标体系

课程目标体系作为课程建设与发展的重要组成部分，是明确课程教学工作是什么、为什么、怎么办的关键，所以在构建"四史"有效融入高校思想政治理论课的路径中，首先要考虑的就是如何将其融入高校思想政治理论课程目标体系之中。本节以此为立足点，从四个方面对其做出系统阐述。

一、"四史"融入高校思想政治理论课的教育目的

所谓"教育目的"就是培养人的质量规格，通常而言，教育目的是指教育要达到的预期目标，是把受教育者培育成为一定社会需要的人的总要求。其具有反映教育在人的培养标准、努力方向、社会倾向性等方面具体要求的作用，处于课程目标体系的最顶层，是教育工作的触发点和最终目标。为此，在"四史"有效融入高校思想政治理论课的过程中，要融入课程目标体系就要先融入课程教育目的，具体操作包括以下三部分。

（一）"四史"融入高校思想政治理论课教育目的的理论结构

基于"四史"融入高校思想政治理论课的目标要求分析，课堂主渠道是达到"学史明理"知识目标取向的必然路径。高校思想政治理论课要引导学生深刻理解百余年的光辉历程，深刻理解"红色政权来之不易、中华人民共和国来之不易、中国特色社会主义来之不易""只有社会主义才能救中国""只有中国特色社会主义才能发展中国""只有坚持和发展中国特色社会主义才能实现中华民族伟大复兴"的历史真理，深刻理解"中国共产党为什么能""中国特色社会主义为什么好"的科学真理，引导学生更加坚定政治认同，更加自觉地用党的创新理论武装头脑，这当然离不开课堂主渠道的路径作用。

同理，高校思想政治理论课是一个系统完整的教学体系，各门课程由

于教学内容的差异，在整个教学体系中的地位以及发挥的作用是不同的，因而，将"四史"融入高校思想政治理论课，以夯实理论根基时，必须结合课程的具体目标、内容，分析解决各自的基本理论问题。比如，在"中国近现代史纲要"课堂教学中，要着重讲清楚中国共产党从无到有、由弱到强的历史发展，团结带领人民实现国家富强、民族振兴、人民幸福的历史进程，并让学生在党史学习教育中进一步学习了解新中国史、改革开放史、社会主义发展史；在"思想道德与法治"课堂教学中，要着重讲清楚中国共产党百余年来确立并坚定的理想信念、孕育和铸就的精神谱系、形成和发展的社会主义道德。

高校思想政治理论课教学要注重加强学生学习中华民族5000多年的文明史、世界社会主义500多年的发展史、中国人民近代以来180余年的斗争史、中国共产党100余年的奋斗史、中华人民共和国70余年的发展史和改革开放40余年的实践史，使师生在纵览历史事件过程中，不断深化对于中国共产党执政规律、中国特色社会主义建设规律和人类社会发展规律的认识，进而深刻认识"红色政权来之不易、中华人民共和国来之不易、中国特色社会主义来之不易"，坚定"四个自信"；引导师生树立正确的历史观念，正确看待相关理论与实践问题，学会运用马克思主义立场观点方法去审视历史和观照现实，透过纷繁复杂的历史表象把握历史必然性，努力认识和把握历史发展规律，进一步弄清楚"我们从哪里来、往哪里去"这个根本问题。

历史昭示未来，熟知历史才能正视当下、面向未来。学习马克思主义理论、学习"四史"的目的，是努力为实现"两个一百年"奋斗目标、实现中华民族伟大复兴的中国梦贡献智慧和力量。高校思想政治理论课教学坚持用党的创新理论武装学生头脑，要把加强"四史"教育同推动习近平新时代中国特色社会主义思想"三进"结合起来，结合十八大以来党和国家事业取得历史性成就、发生历史性变革的进程，引导学生增强中国特色社会主义道路自信、理论自信、制度自信、文化自信，看清"百年未有之大变局"，充分认识"新发展阶段、新发展理念、新发展格局"，充分领悟"百年大党致力于千秋伟业"的光辉历程、伟大成就和宝贵经验，积极思考

"如何实现中华民族伟大复兴的中国梦"等重大现实问题，把爱国情、强国志、报国行自觉融入实现中华民族伟大复兴的奋斗之中。

（二）"四史"融入高校思想政治理论课教育目的的内容结构

1．"四史"帮助高校思想政治理论课更好地解决"为谁培养人"的问题

在 2021 年 12 月 7 日举行的"全国高校思想政治工作会议"中，明确指出"立德树人"理念作为高校思想政治理论课各项工作全面开展的重要理念，并且深入解答了高校思想政治教育"为谁培养人""培养怎样的人""怎样培养人"三个重要问题，这也揭开高校思想政治课建设与发展的时代新篇章。在此期间，"为谁培养人"显然是新时代高校思想政治理论课的一项重要教育目的，该问题的明确直接关乎人才培养能否与国家建设发展的需求相一致。为此，"四史"的有效融入必须具备启发高校学生明确中国特色社会主义现代化强国建设的人才需求形势的作用。

2．"四史"帮助高校思想政治理论课更好地回答"培养怎样的人"的问题

教育目的是指根据时代发展需要，把学生培养成社会需要的人。就当前我国发展所处的新时代形势而言，高校思想政治理论课必须以培养"符合新时代中国特色社会主义现代化强国建设的高质量人才"为教育目的，"四史"的有效融入必须助力该教育目的更好地实现。其间，通过重大历史事件的说明、启发、指向作用，让高校学生深刻认识中国近现代社会发展的过往，助力高校学生以历史唯物主义的视角判断中国特色社会主义发展的未来，确保新时代大学生成为始终坚持正确理想信念、高度秉承社会责任、肩负大局观念、满怀家国热情的高质量人才。

（三）"四史"融入高校思想政治理论课教育目的的层次结构

1．国家层次

高校思想政治理论课的建设与发展，其最终目的就是要为国家建设和发展提供充足的人才资源，并且人才本身要呈现出"高质量"特征。对此，国家层次上的教育目的必须体现出"为谁培养人""培养怎样的人""怎样培养人"三个方面。对此，在"四史"有效融入的过程中，首先应强调有利于为新时代中国特色社会主义现代化强国建设培养合格人才，其次则强

调培养能够肩负民族复兴重任的高质量人才，最后要强调培养理论与历史实践相结合的人才。

2. 学校层次

从学校层面出发，教育目的就是明确人才培养目标和制定人才培养方案，在国家层次和课程层次教育目的之间发挥着承上启下的作用。学校层次的教育目的强调"需要完成怎样的人才培养目标"和"需要怎样的人才培养方法"，因而学校层次的高校思想政治理论课教育目的就是有效制定人才培养的目标和方案。对此，"四史"的有效融入必须做到能够促进人才培养目标和方案的有效制定。

3. 课程层次

针对当今时代高校思想政治理论课的建设与发展所面临的新要求，培养担当民族复兴大任的高质量人才是必须完成的人才培养目标，所以这也为课程内容、教学目标和教学方法的有效确定指明了方向。对此，"四史"的有效融入应围绕引导学生树立大局意识，就成为课程建设的总体目标和意图。

4. 教学层次

教学层次教育目的通常是指教学目标，其目标的来源在于课程建设与发展的总体目标，立足培养担当民族复兴大任的高质量人才，在知识与技能、内容与方法、情感态度与价值观念、立德树人四个方面建立课程教学层次的教育目的，以此为契机明确课程教学的内容与方法，最终达成课程教育目的。对此，在"四史"有效融入的过程中，必须考虑所选择的"四史"内容是否与教学目标、教学内容、教学方法与手段高度适应。

二、"四史"融入高校思想政治理论课的培养目标

培养目标作为课程目标体系的重要组成部分，主要是指将学生培养成为怎样的人，是学生知识与技能、能力与素养全面发展的总体方向所在。针对高校思想政治理论课程建设与发展而言，培养目标极为系统，关乎高校学生能否成为祖国社会主义事业建设与发展的合格建设者与接班人。对

此，"四史"的有效融入必须与高校思想政治理论课的培养目标相适应，促进课程的培养目标能够得到更好地实现，以下笔者先将"四史"融入高校思想政治理论课培养目标的具体思路加以明确，具体如图 5-2 所示。

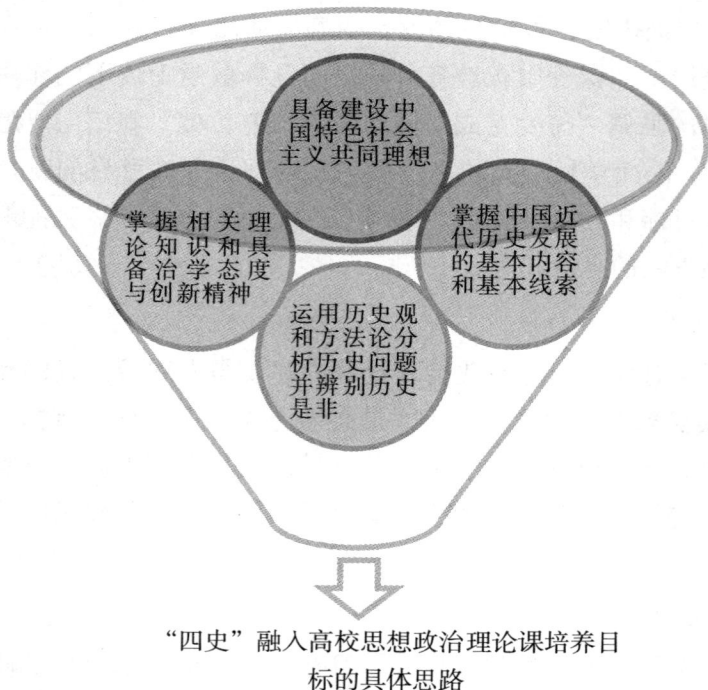

"四史"融入高校思想政治理论课培养目标的具体思路

图 5-2　"四史"融入高校思想政治理论课培养目标的必要条件

在高校思想政治理论课建设与发展中，培养目标的高度明确意味着明确"培养怎样的人"这一问题，而这也正是新时代高校思想政治理论课程体系建设、优化、发展道路中至关重要的一环，"四史"的有效融入必须将其与课程培养目标的相融合视为重中之重。

（一）适应新时代社会发展需要，具备建设中国特色社会主义的共同理想

新时代中国特色社会主义事业翻开了崭新的篇章，中国特色社会主义现代化强国建设成为党和国家乃至全国人民的共同目标，也是全面实现中华民族伟大复兴的重要标志，更是新时代全党、全民族、全社会在中国特色社会主义发展道路中的共同理想信念。

高校思想政治理论课以坚定高校学生理想信念为基本初衷，以引领高校学生思想、价值、道德观念正确发展为基本任务，所以适应新时代社会发展需要，并且具备建设中国特色社会主义的共同理想就成为新时代高校思想政治理论课的首要培养目标。"四史"作为记录党和国家带领全国人民谋求社会主义发展道路的重要载体，将其融入高校思想政治理论课的培养目标，不仅可以通过历史说明作用启发学生认识中国特色社会主义建设的长远规划具有高度的科学性与合理性，还能用历史导向作用使其明确中国特色社会主义的未来发展方向，从中让广大高校学生更加坚信党的领导，并树立为新时代中国特色社会主义发展努力奋斗的远大抱负。

（二）系统掌握课程相关理论知识，并具有治学态度和创新精神

从高校思想政治理论课的基本任务层面来看，让学生全面理解、接受、掌握、内化所学习的相关理论，并且有兴趣对其进行深入了解，并在实践中用所学的相关理论去解释实际状况。

随着时间的推移，新时代赋予高校思想政治理论课新的历史使命，在新的历史使命之下也蕴藏着新的历史任务和责任。随着新时代的到来，中国特色社会主义理论向人们揭示着中国未来发展道路将去向何方，并且中国特色社会主义先进文化起到重要的支撑作用，高校思想政治理论课作为向学生全面传递中国特色社会主义理论的重要载体，同时也是向学生输入中国特色社会主义先进文化的重要平台，所以新时代背景下的高校思想政治理论课教学的基本任务更具有时代意义。新时代中国特色社会主义先进文化中，包含了党和国家在社会主义各个发展阶段所总结的成功经验和具有启示性的教训，这些显然都需要鲜活的历史事件作为支撑，由此才能激发出学生的治学态度和创新精神。故而"四史"有效融入高校思想政治课程目标体系，必须做到与高校思想政治理论课的培养目标保持高度契合。

（三）具备运用科学历史观和方法论分析历史问题、辨别历史是非的能力

所谓的"科学历史观"，是指通过历史唯物主义思想看待人类社会发展的一般规律，从中客观地总结出历史发展进程中存在的问题，做出正确的历史评价。高校思想政治理论课作为全面引领高校学生思想、价值、道德观念的正确树立，促进高校学生树立正确的世界观、人生观、价值观，并坚定学生正确理想信念、社会责任意识、家国情怀的重要教育载体，带领学生以历史唯物主义的视角看待社会的发展规律就成为关键一环。

在此期间，回首中国近代发展的过往，让学生能够根据真实的历史事件做出客观准确地判断，从中明确积累的经验与教训在各个发展阶段所产生的影响与作用。对此，这就意味"四史"有效融入高校思想政治理论课必须与培养学生运用科学历史观和方法论分析历史问题，并且确保学生能够准确辨别历史是非这一课程培养目标相一致。

（四）掌握中国近代历史发展的基本内容和基本线索

中国近代历史是成就中华民族全面崛起的基础，正所谓只有真正触到谷底之后才能全力反弹，最终成就中华民族当代的发展，同时也会为未来发展起到至关重要的影响和警示作用。

前事不忘后事之师，中国近代社会不仅遭受了前所未有的屈辱，同时也拥有着前所未有的崛起之势，在这期间经历的艰难困苦、所积累的经验与教训都值得后人去深思。自中国共产党的诞生、中华人民共和国的成立、改革开放政策全面提出、全面建成小康社会战略实施之日起，标志着中华民族开始迎接一个又一个历史重要时期，所取得的成功与汲取的经验教训更是指引着新时代中国特色社会主义事业的发展方向，让学生掌握这一历史发展的路径也是高校思想政治理论课课程学生培养的总体目标，所以"四史"的有效融入必须要与该培养目标相统一，由此确保"四史"融入新时代高校思想政治理论课的实际表现达到最佳。

三、"四史"融入高校思想政治理论课程教学目的

课程的"教学目的"是在教学领域里实现教育目的而提出的要求，反映的是教学主体的需要。把将学生培养为社会需要的人作为总体目标，根据时代经济、文化、科学技术等领域发展的切实需要，有效选择教学内容、教育方法、教育评价，切实制定出教学计划，确保教学的全过程与学生学

习需要之间保持高度的合理性，贯穿课程教学全局，是课程教学活动预期成果的集中体现。故此，在"四史"有效融入课程目标体系的过程中，有效融入课程教学目的是一项基本要求。

（一）教学活动要与社会本位论相适应

"社会本位论"强调要根据社会发展的实际需要来确定教学目的，从而确保教育的发展始终能与社会发展相适应，最终教学成果能够推动社会的全面发展。针对于此，在当今时代教育发展道路上，应大力倡导"社会本位论"作为教学活动实施的重要理论基础，力求教学目的始终围绕社会发展的动态来确定。使学生纵览中国近代社会发展的历程，以客观的视角判断其发展规律，并根据经验教训启发学生准确认知现代化强国建设与发展的总体方向，从而确保高校学生面对新时代的发展始终迸发出动力。对此，这也意味"四史"在有效融入高校思想政治理论课成目标体系中，必须做到与社会本位论的实践运用相适应。

（二）强调学生思想、价值、道德、历史观念的同步发展

从高校思想政治理论课固有的教学目的来看，正确引领学生思想观念、价值观念、道德观念是基本任务，也是基本的课程教育目的所在，就是要让学生始终能够坚持正确的理想信念和价值观念，能够以客观准确的视角对事物进行评判，从中获得极为可行的行动方案和行动措施，这一教育目的也具备教育人、引导人、启发人的作用。

面对新时代的到来，中国特色社会主义事业的发展已经开启了全面建设现代化强国的时代新篇章，时代的更迭就意味必须要保持"以史为鉴"的态度，通过历史发展的客观规律总结其经验和教训，从而找到中国特色社会主义现代化强国建设的总体方向。对此，全面引领学生历史观念的形成自然成为新时代高校思想政治理论课程教学目的之一，带领广大高校学生回顾中国共产党、中华人民共和国建设与发展、改革开放、社会主义发展的过往，找出其发展规律并做出有效的分析与判断是课程教学的重要任务所在。对此，"四史"有效融入高校思想政治理论课的过程中，必须强调与学生思想、价值、道德、历史观念的同步发展相适应，由此方可保证

"四史"的历史引导作用、历史启发作用、历史导向作用充分发挥出来，促进学生以饱满的热情投身于中国特色社会主义现代化强国建设之中，进一步推动祖国未来各项事业发展。

（三）将高校学生培养为新时代中国特色社会主义事业合格建设者和接班人

自中华人民共和国成立以来，中国各个发展阶段对高校思想政治理论课提出了不同的总体要求，但课程建设与发展的总体初衷始终未发生改变，都是以培养社会主义合格的建设者和接班人为总体目标，广大高校思想政治理论课教师也在不断为之付出努力，在高校学生思想观念、价值观念、道德观念的引领中发挥至关重要的作用。

面对新时代的到来，中国特色社会主义建设在新时代发展道路上扬帆起航，将把我国建设成为一个富强民主文明和谐美丽的社会主义现代化强国作为新的目标，高校思想政治理论课程建设与发展在这一目标的指引下，明确新时代课程教学的新目的，即将高校学生培养为新时代中国特色社会主义事业合格建设者和接班人。其中，学生不仅要有正确的思想、价值、道德观念，还要具备正确的历史观念，用历史唯物主义的视角去看待历史发展的规律，明确新时代的发展进程和方向，进而判断出自己在未来发展中的努力方向和奋斗目标。这就要求"四史"在融入高校思想政治理论课的过程中需要明确两点：一是要充分发挥出历史说明作用，为高校学生提供具有历史性的启发；二是要充分发挥出历史导向作用，帮助高校学生能够深刻认知中国特色社会主义新时代的发展具体方向和必然结果。这样才能有效保证新时代高校思想政治课教育目的的全面实现，人才培养的目标始终能够满足新时代中国特色社会主义现代化强国建设的切实需要。

四、"四史"融入高校思想政治理论课程教学目标

"教学目标"是指教学活动实施的方向，通常划分为知识与技能、过程与方法、情感态度与价值观三个维度，是教学活动期待学生得到的学习成果。课程教学目标作为课程目标体系最基础的部分，一切新内容核心资源的有效融入都必须要与课程教学目标相适应，才能确保融入后的课程教学

各项活动顺利进行，并达到学生培养的目的，"四史"融入高校思想政治理论课自是如此。但是，切实将其在实践中变为现实却并非易事，需要做好几方面工作，具体要求如图5-3所示。

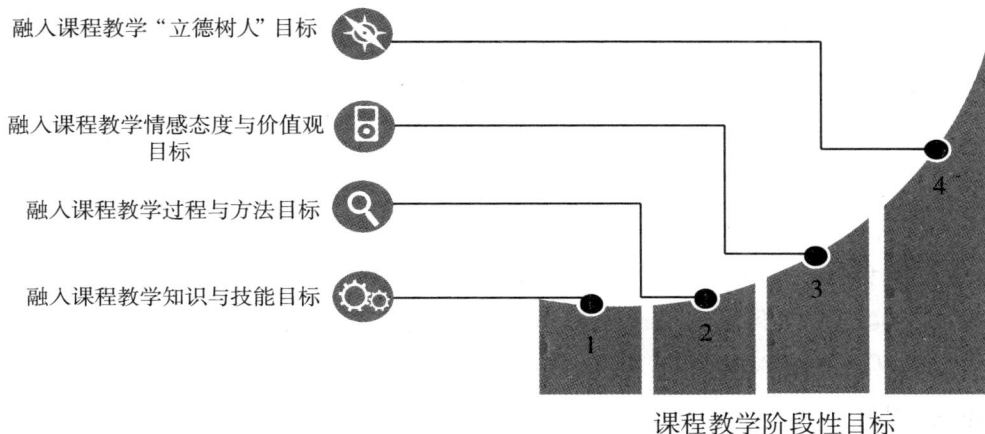

融入课程教学"立德树人"目标

融入课程教学情感态度与价值观目标

融入课程教学过程与方法目标

融入课程教学知识与技能目标

1 2 3 4

课程教学阶段性目标

图5-3 "四史"有效融入高校思想政治理论课教学目标的具体要求

在以往高校思想政治理论课教学活动中，课程教学目标通常只包括知识与技能、过程与方法、情感态度与价值观三个维度，随着高校思想政治理论课程改革的不断深化，"立德树人"已经成为高校基本的育人理念，所以"立德树人"也成为高校思想政治理论课程教学目标的新维度。

（一）"四史"融入课程教学的知识与技能目标

"知识与技能"目标作为课程教学活动的基本目标，指的就是学生在课程教学活动中应掌握的新知识和新技能，是课程教学基本目标中的基础，高校思想政治理论课教学活动的开展也不例外，"四史"融入的过程也必须满足高校思想政治理论课教学的基本知识和技能目标。

"四史"的融入应该助力学生更好地掌握课堂所学习的相关理论观点，通过真实的历史事件启发学生深刻感知理论在实践中的应用过程，并且能够客观审视应用的效果，从中积累更多的成功经验，收集并整理相关的教训，在头脑中逐步建立起历史发展的客观规律。这为学生思想和价值观念的正确树立提供强有力的指导作用，更为学生知识与技能结构的全面优化提供有力保证，让新时代高校思想政治理论课教育人、引导人、启发人的作用得到最大程度展现。

（二）"四史"融入课程教学的过程与方法目标

"过程与方法"目标作为日常课程教学活动的基本目标之一，指的就是学生在学习新知识和掌握新技能，以及能力与素养的培养过程中形成的一套过程与方法，这是学生学会学习的重要表征之一，所以在高校思想政治理论课教学活动中，达成该教学目标也是一项基本任务。

针对于此，在新时代背景之下的高校思想政治理论课教学活动中，"四史"的有效融入必须确保与该课程教学目标紧密融合。具体而言，"四史"中的真实历史事件要以案例的形式出现，充分发挥出其历史说明和史料证实的作用。确保学生在观看真实的历史案例之后能够引发深度思考，形成思考问题、分析问题、提出假设、解决问题的固有路径。这有利于学生将所学习的理论知识进行内化，最终成为大学生高效学习思想政治理论课的一种方法。

（三）"四史"融入课程教学的情感态度与价值观目标

"人才强国"一直都是新时代中国特色社会主义建设与发展所遵循的基本原则，高等院校作为我国新时代高质量人才培养的基地，要始终坚持"人才强国"战略，为我国高等教育发展打下基础。

在新时代背景下，所谓的"高质量人才"就是既具备过硬的专业知识和专业技能，又具备高尚的道德情操，同时还具有正确的思想观念、价值观念、道德观念、历史观念，能够通过历史唯物主义的视角看待中国发展的过去与未来，从而坚定中国特色社会主义事业发展的信心。高校思想政治理论课作为全面强化高校学生高尚道德情操、引领学生思想观念、价值观念、道德观念、历史观念的重要载体，要注重课程教学中情感态度与价值观的教学目标。基于此，这就要求"四史"的融入必须能与该教学目标相兼容，以此保证"四史"的真实历史事件能够激发出学生知史爱党、知史爱国的情怀，与党和国家一道为新时代中国特色社会主义现代化强国建设而努力奋斗。

（四）"四史"融入课程教学的立德树人目标

"立德树人"作为我国高等教育的基本育人理念，强调人才培养的过程要以德为先，正所谓"十年树木，百年树人"，不仅高校学生实现知识、技能、能力的顺利理解、接受、掌握、内化需要一个完整的过程，其思想道德素质的全面发展更需要一个完整的过程，后者不仅比前者的周期更长，更是前者目标实现的重要基础，由此方可确保将当今时代高校学生切实培养成高质量人才。

为此，在新时代高校思想政治理论课教学活动中，"立德树人"显然成为高校思想政治理论课成教学目标的重要组成，"四史"的融入必须与该课程教学目标紧密融合在一起。其间，要结合中国共产党在探索与实践社会主义理论过程中坚持的"全心全意为人民服务"这一根本宗旨，进而帮助学生更好地树立社会责任意识，有效培养高校学生"为全面建设新时代中国特色社会主义现代化强国奋斗终生"的家国情怀。

综合本节所阐述的观点，可以看出在新时代背景下的高校思想政治理论课建设与发展中，"四史"有效融入课程目标体系需要经历完整的过程，做到与教育目的、培养目标、教学目的、教学目标高度融合，由此方可保证其作用最大程度发挥出来，而这也正是系统化构建实践路径的基础所在，确保"四史"有效融入高校思想政治理论课内容体系。

第二节 "四史"融入高校思想政治理论课程内容体系

从课程建设与发展的角度出发，新事物的有效融入必须在课程内容体系建设方面做出一系列相关调整，由此确保课程教育教学工作能够拥有充足的教学内容可用，以此让新事物本身的作用和价值得到充分体现，"四史"有效融入高校思想政治理论课也是如此，必须将课程内容体系的深度构建放在重要位置。融入过程所必须遵循的步骤如图5-4所示。

"四史"真实历史事件或历史人物
为课程资源的"纲"，固有课程资
源为"目"，找准契合点的同时，
形成明显的层次结构

4.课程资源整合与开发

3.丰富课程内容要素

改进、创新、提高的方法，以及正
确历史观、中国特色社会主义自信、
红色资源为主要视角

党、国家、全国人民伟大的抉择，
以及总结的成功经验和开创的历
史新局面作为主体

2.课程内容结构优化

1.内容体系的重构

"四个选择""四个认识""四个
自信""三大规律"相关内容必不
可少

高校思想政治理论课内容体系

图 5-4　"四史"融入高校思想政治理论课内容体系的步骤

高校思想政治理论课建设与发展道路中，已经拥有一套较为完整的内容体系，面对其建设与发展所提出的新要求，需要对其进行有效补充与完善。因此，"四史"的有效融入需要针对课程体系内容结构进行具体的调整。对此，在本节的观点阐述中，就以此为立足点通过四方面加以说明。

一、课程内容体系的重构

课程内容体系作为课程体系重要组成部分，集中囊括了向学生传递的一切课程信息，是学生知识、技能、能力、素质培养的一切信息来源。所以在构建"四史"融入高校思想政治理论课的路径过程中，不仅要将内容体系的构建应放在重要位置，更要将"重构"二字放在首位，下文从四个方面入手，将其着眼点加以高度明确。

（一）引导学生领会"四个选择"作为内容体系的重要支撑

当今时代的中国发展之所以能够从辉煌走向新的辉煌，关键在于伟大的中国人民正确选择了中国共产党，伟大的中国共产党正确选择了坚持马克思主义思想，并且结合中国的国情进行了马克思主义中国化探索与实践，选择了社会主义发展道路，并选择了改革开放这一重大战略方针，最终一步步将中国的发展推向高潮。

这一系列伟大的选择都记录在"四史"之中，高校思想政治理论课作为引导广大高校学生深刻认识党、国家、人民重大历史选择的重要载体，所以在"四史"有效融入课程内容体系过程之中，要注重将引导学生领会"四个选择"作为内容体系的重要支撑，由此让党、国家、人民的历史实践之路更好地印证思想政治理论课内容的理论性与实践性。

（二）促进学生提升"四个认识"作为内容体系的重要组成

中国共产党领导下的中国人民，在国家富强、民族发展、社会进步道路中经历风风雨雨，经过不懈的努力最终成就各个历史时期伟大的发展，广泛形成了四个正确认识：正确认识世界和中国发展大势、正确认识中国特色和国际比较、正确认识时代责任和历史使命、正确认识远大抱负和脚踏实地，并且在"四史"中完完整整地记录下来。

随着新时代的到来，我国已经踏上中国特色社会主义现代化强国建设之路，高校学生作为新时代中国特色社会主义现代化强国建设的栋梁之材，必须具备能够充分审视世界和中国发展大势、中国特色和国际比较、时代责任和历史使命、远大抱负和脚踏实地之间的关系的思想素质和价值观念。因此，在高校思想政治理论课建设与发展之路中，"四史"融入其内容体系必须做到能够促进高校学生"四个认识"的深入认知，并将其作为课程内容体系的重要组成。

纵观中国共产党带领全国人民共同探索社会主义道路，以及在建设中国特色社会主义道路中所经历的心路历程，可以直观感受到取得的成功和汲取的经验，而经验恰恰为铸就新的成功积累了宝贵财富，最终得到全世界的广泛认可。面对中国特色社会主义新时代的到来，全面建设中国特色社会主义现代化强国无疑是当前中国共产党和中国人民所肩负的历史新使命，全体中国人民都有责任不忘使命、砥砺前行，脚踏实地地为之默默付出，而这也正是中华民族实现伟大复兴的动力源泉。高校学生作为全面加快新时代中国特色社会主义现代化强国建设步伐的中坚力量，在高校思想政治理论课教学活动中，将这些内容与课程教学内容深度融合必然会推动学生思想素质和价值观念的全面提升。将"四史"中的真实历史人物和事件作为思想政治理论课教学内容的重要组成部分必然会促进学生正确形成"四个认识"，以辩证唯物主义的视角看待中国与国际的发展，体会中国特色社会主义建设与发展的优势，并树立为中国特色社会主义事业和实践中华民族伟大复兴奋斗终生的远大理想与责任意识。

（三）帮助学生坚定"四个自信"作为内容体系不可缺少的部分

纵观中国特色社会主义发展之路，早在 2012 年党的十八次全国代表大会中，就已经提出了"三个自信"，2016 年，习近平同志在庆祝中国共产党成立 95 周年大会上明确提出：中国共产党人"坚持不忘初心、继续前进"，就要坚定"四个自信"，即"中国特色社会主义道路自信、理论自信、制度自信、文化自信"。"文化自信"是一个民族、一个国家以及一个政党对自身文化价值的充分肯定和积极践行，并对其文化的生命力持有的坚定信心。因此，帮助高校学生坚定"四个自信"是内容体系不可缺少的部分，以求高校学生在思想政治理论课的学习过程中，能够更加深刻地体会到制度的优越感、理论的生命力、道路的永续性、文化的自豪感。

（四）推动学生深刻认识"三大规律"作为内容体系的新构成

从马克思主义哲学角度出发，对立统一、质量互变、否定之否定三个规律向人们揭示了唯物辩证主义的核心论点，阐明事物之间都会存在某种联系，并且在宏观或微观层面存在相互作用，最终成就社会发展，而这也是社会主义发展必然性所在。

在"四史"中，中国共产党带领下的全国人民在不同历史时期经历的伟大变革显然都对社会产生了决定性影响，也是党和国家带领全国人民深入践行辩证唯物主义理论观点的最终成果，所以在高校思想政治理论课程教育教学活动中具有极强的启示作用。故此，推动学生深刻认识"三大规律"的内容，应作为新时代高校思想政治理论课内容体系的重要组成部分。

二、课程内容结构的优化

随着新时代中国特色社会主义现代化强国建设之路的全面开启，高校人才培养不仅要注重人才的学科专业水平不断提升，更要注重思想、观念、意识的全面增强，让新时代的高校成为培养更高质量人才的摇篮。高校思想政治理论课作为全面引领高校学生思想观念、价值观念、道德观念的"主阵地"，切实达到新时代为高校人才培养所提出的新要求就必须将"四史"有效融入课程体系之中。为此，接下来在上文明确内容体系重构的基础上，针对课程内容结构的有效优化做出明确的论述。

（一）四个选择作为内容结构之一

马克思主义理论体系作为全世界无产阶级革命政党治国理政的理论基础，更是中国特色社会主义实践道路中的重要理论基础，是我党从辉煌走向新辉煌的理论基础所在。

另外，"没有共产党就没有中华人民共和国""只有共产党才能救中国""只有共产党才能发展中国"已经在党的发展道路中得到了充分的论证，并且带领中国人民在社会主义发展道路中取得了巨大成功，所以党的成长和发展之路就是近现代中华民族的发展史，在四个历史重要阶段取得的伟大胜利更是中华民族走向伟大复兴的缩影，更是中国特色社会主义道路探寻、建设、发展中经验与教训积累的过程。对此，这就意味着在引领学生领会"四个选择"过程中，必须围绕的"四史"关于马克思主义理论体系、中国共产党、社会主义道路、改革开放历史实践，打造出具体的内容结构，以此确保广大高校学生在思想政治理论课能够深刻意识到党的伟大、民族的昌盛、国家的富强、社会的安定和谐、人民的高度幸福原因之所在。

（二）工作方法和实践经验教训作为重要内容结构

众所周知，中华人民共和国的成立与发展道路中，始终坚持以马克思主义思想为重要指导，将方法论作为党治国理政的方法选择，并结合中国国情探索出了一条中国特色社会主义发展道路，同时做出了一切重大的战略性改革与调整，故而让当今时代的中国比任何时期都要接近中华民族的伟大复兴。

对此，在高校思想政治理论课内容体系的构建中，确保学生全面提升"四个认识"，就必须将"四史"中党和国家在探索中国特色社会主义发展道路中所遵循的理论，所采用的工作方法，以及实践经验教训作为重要的内容结构，由此确保学生在国家治理和宏观发展层面有着深刻的认知，不断提升正确认识世界和中国发展、客观认识中国特色社会主义道路的优越性、客观认识自己所肩负的是带着任何历史使命、正确认识远大理想与抱负的能力，唤起学生更深层次的家国情怀和民族自信心。

（三）党在发展道路中极不平凡的成绩和翻天覆地的新面貌作为重要内容结构

中国共产党作为百余年的大党，自诞生之日起就经历着各种不平凡，在战火硝烟中诞生、在各种压力之下做出一系列战略选择、在发展中做出诸多战略性决策与调整，最终成就了中国特色社会主义发展之路，也必将会成就中华民族的伟大复兴梦，让中国以翻天覆地的新面貌呈现在世人面前。

"四史"之中无疑将这些准确记录了下来，历史事件无疑将党在发展中所取得的成就和汲取的经验教训加以诠释，不仅具有启发和警示后人的作用，更让后人能够深刻认知党、国家、人民所取得的成果都是在理论与实践相结合背景下实现，在无形中坚定了人民的道路自信、理论自信、制度自信、文化自信。对此，高校思想政治理论课有效融入"四史"的过程中，确保学生高度坚定"四个自信"就必须将党在发展道路中极不平凡的成绩，以及呈现出的翻天覆地新面貌作为重要内容结构，让新时代高校学生能够以史为鉴深刻认知理论与实践相结合的时代意义，在无形中促进学生"四个自信"的整体认知水平，并树立起高度的制度自信、道路自信、理论自信、文化自信。

（四）世界社会主义 500 余年的发展历程作为不可或缺的内容结构

中国特色社会主义之所以具有代表性，其根本原因就是将世界社会主义 500 余年发展历程进行了归纳与总结，并结合中国实际的国情进行了合理的优化与调整，进而形成高度适合中国当代乃至未来发展的中国特色社会主义道路。

与世界社会主义总体发展进行对比，中国在社会主义道路的探索与发展形成了特色化，同时也呈现出极为明显的优势。在新时代背景之下，高校思想政治理论课作为引导高校学生深度认知社会主义从无到有、从弱小到强大、从强大到可持续发展历程的核心课程，所以将"四史"有效融入的过程中，确保学生能够深度认知"三大规律"就必须将世界社会主义五百余年的发展历程作为基本的内容结构之一。由此确保学生能够客观而又深入地理解中国社会主义道路从何而来，发展过程中为何体现出中国特色，未来的发展之路究竟在何方，最终燃起全面致力于祖国未来发展和投身新时代中国特色社会主义现代化强国建设的热情，长此以往必将会让学生将该热情永远保持下去。

三、课程内容要素的丰富

前文已经针对"四史"有效融入过程中的高校思想政治理论课内容体系构建侧重方向，以及内容结构的重要组成予以明确阐述，确保内容体系中的课程内容具有明确的指向性，让课程教学进一步提升理论联系实际水平拥有强大支撑条件，然而还要确保课程内容体系中的内容结构始终处于不断丰富的状态。对此，笔者先通过将丰富高校思想政治理论课内容要素的基本立足点加以明确，具体如图 5-5 所示。

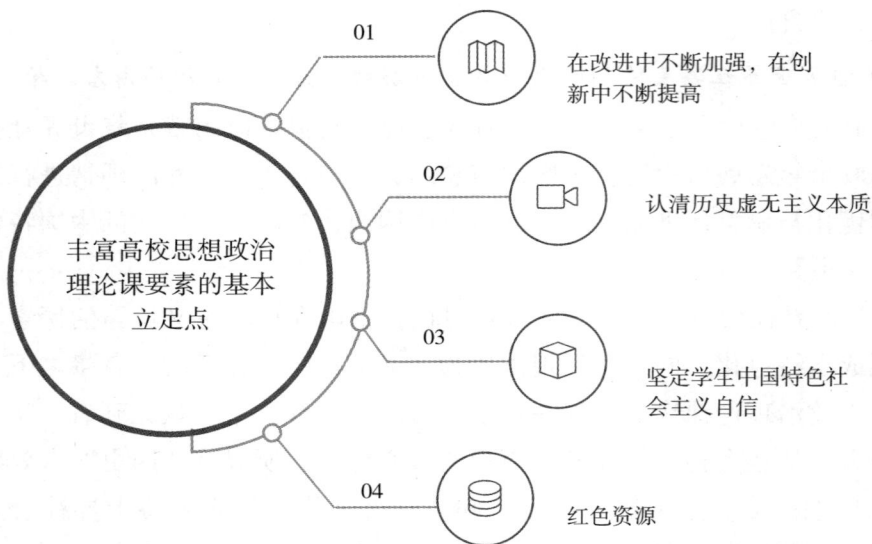

图5-5　丰富高校思想政治理论课内容要素的立足点

"四史"在高校思想政治理论课中有效融入无疑为课程教学活动增加更多鲜活的素材，并且课程教学内容本身的启发性和说明性更为突出，知识点更容易被学生理解，促进学生思想、意识、价值、观念的有效转变。通过"四史"有效丰富高校思想政治理论课内容要素需要正确把握图中所明确的基本立足点，由此方可确保所融入的"四史"内容充分发挥出教育、启发、说明作用，更好地服务于学生思想、意识、价值、观念的形成。以下笔者就围绕上图中所呈现的四个基本立足点，将其加以具体说明。

（一）将"在改进中不断加强，在创新中不断提高"的方法作为重要内容

中国共产党带领下的中国人民不仅创造出了令世界瞩目的中华人民共和国，同时还在时代发展的道路中不断让其强大，以令人敬仰的姿态屹立在世界的东方，"改进"和"创新"是两个必不可少的条件。

"四史"更是将党和国家带领全国人民为祖国发展和社会进步的经历全面记录下来，将社会主义发展道路中的决策如何改进、如何创新、改进的成果、创新的实现逐一呈现在人们面前，这些都可以作为引导和启发世人

未来如何发展的历史资源。针对于此，高校思想政治理论课建设与发展道路中，"四史"的有效融入必须将党和国家在改进中不断加强，以及在创新中不断提高的方法加以提取，并且用真实的案例作为支撑，进而形成固定的课程的新资源，以此来推动新时代高校学生在思想观念方面的不断创新，同时助力其价值观念、道德观念、历史观念的全面形成并不断深化。

（二）加入利于学生建立正确历史观念，认清历史虚无主义本质的内容

所谓的"历史虚无主义"，其实质就是对历史的否定，同时也对历史发展进程盲目的否定，该思想显然与历史唯物史观相违背，是一种极不科学和极不客观的思想。

本书第二章中明确了新时代背景下高校思想政治理论课建设与发展的新任务与新使命，明确指出学生历史观念的正确培养是一项不可缺少的内容，其目的就是要让学生能够全面回顾历史，正确看待历史，客观地评价历史发展规律和准确地做出前瞻性判断，让历史唯物主义思想能够深深印刻在学生内心之中，确保新时代高校学生真正成为中国特色社会主义强国建设之路的栋梁之才。为此，在新时代背景之下的高校思想政治理论课建设与发展中，"四史"的有效融入必须将具有重大转折意义的历史事件，以及实践发展的过程和影响进行深入挖掘，并将其作为课程内容体系中的新要素，以此帮助新时代高校学生正确建立历史观念，明确"历史虚无主义"的本质和危害，达到更好地启迪和净化新时代高校学生思想和心灵的目的。

（三）充分融入促进学生坚定中国特色社会主义自信的内容

中国特色社会主义建设与发展道路中，取得的成功和积累的宝贵经验都是新时代中国发展的宝贵财富，其中各项重大历史决策深深影响着当今时代中国的发展，更能够为未来中国特色社会主义现代化强国建设指明方向，充分彰显出中国特色社会主义道路本身所具有的道路优越性。

"四史"无疑将这些重大历史决策详细地记录下来，并且通过诸多专家与学者全面而又深入的解读，充分印证了未来中国特色社会主义发展道路拥有极为光明的发展前景。高校思想政治理论课建设与发展正是坚定高校学生道路自信、理论自信、制度自信、文化自信的重要载体，将"四史"

中关于重大历史决策的事件进行一一整理，作为新资源要素将其纳入课程内容体系之中，势必会促进新时代高校学生坚定中国特色社会主义自信，并确保新时代高校思想政治理论课品质的升华。

（四）将红色资源作为内容要素的新组成

所谓的"红色资源"，其实质就是中国共产党成立之后，中华人民共和国建立之前所留下的具有革命性、教育意义、时代主题特征明显的资源。中国共产党带领中国人民经历了 100 余年的革命与发展历程，建党初期和革命战争时期所经历的巨大波折，正如《英雄赞歌》中唱道："为什么战旗美如画，英雄的鲜血染红了它"，无数先烈用生命谱写出了数不胜数的壮丽篇章，成就了党和国家在新时期的壮大与发展之路。

"四史"中更是将这些可歌可泣的历史事件记录下来，并且有迹可循。对此，在新时代高校思想政治理论课建设与发展中，"四史"在课程内容体系的有效融入过程中，广大教育工作者要始终保持追溯历史的心态，不断深入发掘与整理红色资源，将其作为高校思想政治理论课程内容的新要素，让"四史"的资源引导作用充分展现出来，确保新时代大学生在深刻感知当今时代之美好的同时，能够体会革命历史的波澜壮阔和未来发展的无限光明。

四、课程资源整合与开发

课程资源通常作为课程内容整合与开发必不可少的部分，是促进课程内容进一步丰富的有力途径，因此在课程建设与发展道路中，课程内容体系的构建与完善活动之中，广大教育工作者都会将整合与开发课程资源作为一项重要工作。因此，在新时代背景之下，高校思想政治理论课有效融入"四史"的过程中，课程内容体系的构建也要将课程资源整合与开发作为重要的组成部分，具体操作通过以下四方面加以阐述。

（一）将"四史"内容作为课程资源的"纲"

"四史"作为党和国家，乃至中国人民在近现代社会实现国家统一、民族团结、社会和谐稳定发展的奋斗史，更是探索与实践的发展史，更是全面践行马克思主义思想和方法论的实践史，而高校思想政治理论课作为全面强化学生思想道德观念、法治意识、价值观念、责任意识的核心课程，必须将"理论联系实践"作为课程发展的根本理念，所以将"四史"内容作为课程资源极为重要。

其重要性体现在"四史"内容要作为课程资源建设与发展的"纲"，也就是通常人们所说的最主要部分，要使"四史"所记录的事件与思想政治理论课程教学大纲所规定内容相吻合，确保"四史"内容始终能够为学生掌握理论基础起到史料证实作用，让学生真正在理论联系历史事件的过程中，将所学的内容加以内化，从中深刻体会党和全国人民在不同历史时期的国家建设、民族复兴、社会发展道路中的家国情怀和社会责任，由此推动高校学生思想观念、价值观念、道德观念、历史观念的全面升华。

（二）将高校思想政治理论课固有课程资源作为"目"

从生物学分类的角度讲，"目"是对"纲"中的物种进行详细的划分，反之，"纲"是对"目"的集合。上文已经针对新时代高校思想政治理论课资源的"纲"进行了具体的概述，表明课程资源要将"四史"的内容作为"纲"，那么下分出的"目"自然要体现在高校思想政治理论课的固有内容上，由此确保高校思想政治理论课能够拥有较为丰富的资源作为支撑，实现课程教学资源的最大化和教学效果的理想化。

在此期间，"目"主要包括"马克思主义基本原理""毛泽东思想和中国特色社会主义理论体系""中国近代史纲要""思想道德修养与法律基础"等课程固有的资源，每门课程在内容上又可以下分出多个"科"的课程资源，这样不仅可以更好地理解高校思想政治理论课固有资源的结构划分，从而为"四史"内容的合理配置打下坚实基础，确保"四史"内容与高校思想政治理论课程资源之间实现高度融合，为进一步优化课程内容体系提供强有力的推动作用。

（三）找寻"四史"内容与高校思想政治理论课程资源的契合点

"四史"内容作为高校思想政治理论课的重要资源补充，想要在应用过程中做到价值的最大化，必须确保两者之间的契合点高度明确，由此才能确保在课程活动的每一个环节都能有真实的史料记载加以证明。

例如：在"中国近代史纲要"课程的"中国革命的新道路"教学活动中，"四史"故事关于"中国共产党在革命时期的学习"作为有力的课程资源，在教学活动中，不仅能够让学生总结出中国共产党在革命新道路探索中经历了哪些艰难，总结出了怎样的经验与教训，还让学生认识在实践中如何进行优化与改进。"党史故事"将实践中优化与改进过程加以证明的同时，还能够将所取得的成果和历史影响充分展现，让课程固有的教学内容真正与"四史"记录的真实历史事件紧密融合起来，从而为广大高校学生客观解读中国近代史的发展历史和规律提供更为真实的史料，同时让历史启发作用得到充分展现，并最终确保学生树立知史爱党、知史爱国的情怀。

（四）"四史"内容与高校思想政治理论课程资源相互联系、层次分明

上文中针对"四史"内容在高校思想理论课程资源中的位置，以及有效将其与高校思想政治理论课固有的教学资源有效融合的原则和方法做出相应的阐述，最终的目的就是要让高校思想政治理论课的固有课程内容中，始终能做到通过"四史"所记录的真实历史事件，更好地丰富课程内容，确保学生通过教学内容和"四史"所呈现出的教学资源，更好地启发学生牢固"四个自信"和强化"四个意识"，进而让高校思想政治理论课成为促进学生思想、价值、道德、历史观念正确形成的理想载体，成为新时代中国特色社会主义现代化强国的合格建设者。

因此，这就需要广大教师在结合"四史"内容提炼教学资源的过程中，必须做到与高校思想政治理论课固有的教学内容资源保持紧密的联系，同时做到二者之间始终彰显出分明的层次和结构，进而确保高校思想政治理论课资源的丰富高度科学化、合理化、系统化。

综合本节所阐述的观点，在高校思想政治理论课建设与发展中，既要求广大教育工作者要针对课程体系构建的基本侧重点高度明确，同时还要确立起与之相适应的课程内容结构，之后还要针对其内容要素进行具体的补充，最后还要将课程资源进行有针对性的深度开发，由此方可确保通过"四史"让广大高校学生在思想政治理论课学习活动中获得更多的教育信息，确保思想政治理论课所能够发挥出的引领作用达到最大化，让提升新

时代高校思想政治理论课的课程品质拥有更为理想的内容载体。

第三节 "四史"融入高校思想政治理论课程教学方法

教学方法作为教学活动通往成功之路的重要桥梁，其合理性和多样性必然会确保课堂教学通往成功的道路更加具有合理性，高校思想政治理论课各项教学活动的开展显然也不例外。在新时代背景下的高校思想政治理论课教学活动中，"四史"的有效融入要与课程教学方法高度融合。为保融入过程能够拥有明确的方向，笔者将融入教学方法过程的着力点主要分为以下四个方面，如图5-6所示。

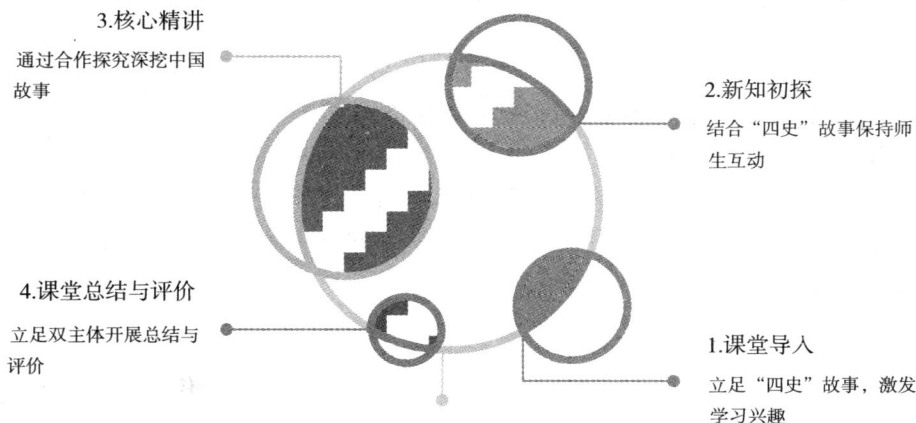

3.核心精讲
通过合作探究深挖中国故事

2.新知初探
结合"四史"故事保持师生互动

4.课堂总结与评价
立足双主体开展总结与评价

1.课堂导入
立足"四史"故事，激发学习兴趣

图5-6 "四史"有效融入高校思想政治理论课教学方法的着力点

高校思想政治理论课日常教育教学活动中，课堂每个阶段都有明确的教学方法，以供学生更好地进入学习状态并在知识、技能、能力、素养层面有所收获。为此，"四史"的有效融入显然要与之保持高度适应，并且能够做到在一定程度上促进教学方法的改进。本节立足该观点进行深入的阐述，其中分别围绕课堂导入、新知初探、核心精讲、总结与评价四个环节来进行。

一、课堂导入：要通过"四史"真实事件充分激发学生的学习兴趣

课堂导入部分是课程教学活动顺利进行的基础，更是关乎课程每一次教学活动的"成"与"败"的关键。对此，在高校思想政治理论课的每一次课堂教学活动中，都必须将课堂导入部分的有效开展作为最基础，也是极为重要的一部分。"四史"有效融入高校思想政治理论课程教学方法要从课堂导入部分开始，通过"四史"真实事件最大限度地激发学生的学习兴趣。

（一）做到立足教学内容和"四史"真实案例精选导入话题

良好的开端是成功的一半，所以在任何教学活动中，想要确保教学资源切实做到将其作用和价值最大程度发挥，必须要有一个良好的开端。针对于此，在高校思想政治理论课教学活动中，"四史"真实案例在有效融入教学方法过程中就必须做到能够助力课堂建立较为理想的课堂导入过程，教师立足教学内容和"四史"真实案例精选导入话题，以此为有效激发学生学习兴趣夯实基础，该项工作显然要在课前准备部分完成。

例如：在《思想道德与法治（2021 年版）》"追求远大理想 坚定崇高信念"教学活动中，选择的"四史"真实事件为"党史"部分关于红军长征的历史故事，用于说明无论是在任何环境条件下，都要坚定不移地去追求自己的远大理想，并且要为之付出不懈的努力。针对于此，在课堂导入话题的选择上，应该设定为"同学们设想一下如果没有理想的条件，大家还会不会追求自己的理想、坚定自己崇高的信念"，这样不仅有助于"党史"相关的材料和视频更加直观地呈现在学生面前，更有助于引发学生的深度思考，为预定的课堂教学方法得以顺利实施提供极为有利的前提条件。

（二）立足先进教育手段有效将"四史"真实案例充分导入

在课前做到根据教学内容和"四史"真实案例合理布置导入话题的基础上，在接下来的课堂教学环节教师应考虑如何采用合理的教学手段，将课前准备好的"四史"真实案例顺利导入课堂之中，让导入话题能够真正引发学生深度思考。在这里，笔者认为可以借助"交互式电子白板"的方式将这一目的加以实现。具体操作在于先向学生提出互动话题，再通过影

像视觉直观的形式,将课前准备好的"四史"真实事件呈现在学生面前,由此让学生通过问题和事件的情节和结果,引发学生深度思考,让学生产生对互动话题的真实感悟。

例如:在《形势与政策》"欧债危机下的国际经济走向及其对中国的影响"课堂中,可先向学生提出:"同学们有谁了解过2010年席卷欧洲众多国家的欧债危机?谁知道我国为何没有遭受过此类危机?"随即将课前准备好的相关短视频通过交互式电子白板呈现在学生面前。随后,在学生提出诸多自己的观点之后,将"社会主义发展史"中关于中国特色社会主义市场经济体制改革的相关历史事件呈现在学生面前,让学生能够在问题的导向下形成两者之间的对比,确保"四史"中的真实案例能够为学生带来更为直接的启发作用,使学生能够初步意识到课堂教学的主题。

(三)充分发挥教师引导和启发作用引起学生的深入思考

从成功的课堂导入基本要素角度来看,仅通过设置导入话题,并且将相关的教学资源和素材通过先进教学手段传递给学生,还不能真正达到课堂导入的最终目的,还需要教师提供正确的引导和启发,由此才能让学生就导入话题和教学资源与素材引发深度思考,最终方可让学生最大限度地理解课堂教学主题,教学素材的作用和价值也会得到充分体现,"四史"有效融入高校思想政治理论课的课堂导入教学手段也是如此。

依然以《形势与政策》"欧债危机下的国际经济走向及其对中国的影响"课堂导入为例,在做到向学生明确互动话题,展示相关课堂教学素材和"四史"真实事件的基础上,随即要倡导学生通过国家政策的角度去进行思考,进而让学生回顾我国在市场经济发展中进行了哪些调整与优化,最终才成就当前的社会经济发展崭新局面的形成。此后,教师还要根据学生所提出的观点和看法加以回应,向学生明确这些政策的作用与意义究竟体现在哪儿,引导学生进一步增加思考的深度,由此确保学生能够真正了解中国特色社会主义市场经济体制改革的经历,以及在实践过程中所取得的成就价值所在,让学生初步意识到课堂教学的主题成为现实。

（四）结合学生的观点顺势引入课堂学习的主题

在理想的课堂导入环节中，肯定学生的想法并提出不同的观点是至关重要的元素所在，因为只有先肯定学生的想法才能引出自己不同的观点，这无疑是有效进行课堂主题导入的重要切口。在高校思想政治理论课教学活动中，课堂导入部分有效通过"四史"真实事件进行课堂教学主题的导入自是如此。

其中一种十分最有效的方法就是由教师引导："下面就结合同学们所提出的观点，通过学习内容验证一下究竟是否可行。"由此将课堂教学的主题顺利导入进来。例如：在《思想道德与法治（2021 年版）》"领悟人生真谛创造人生价值"教学活动中，给出"党史"关于"大庆精神、北大荒精神、红旗渠精神"相关资料并倡导学生深度思考和说出自己的观点之后，随之对学生的观点加以肯定，并指明在本课的学习过程中，我们可以验证一下大家的观点是否可行，进而引出本课的主题。这一过程可以充分激发出学生课堂学习的兴趣，调动学生正课部分的学习积极性，以"四史"为素材的导入话题发挥出了至关重要的促进作用，这显然让"四史"与课程教学导入环节的固有教学方法形成了有效融合。

二、新知初探：要立足"四史"真实历史事件与学生形成双向互动

在日常课堂教学活动中，"新知初探"部分往往被认定为向学生明确课堂学习重点，并带领学生充分掌握课堂教学的过程，其目的就是要让学生能够明确课堂中的相关概念，以及概念产生的具体原理，因此这也充分证明课堂进入"新知初探"部分就意味新课教学活动正式拉开帷幕。所以，在日常教学活动中，"新知初探"部分必须作为课堂教学的重要组成，教学方法应用是否有效也会关乎课堂教学能否走向成功。对此，在高校思想政治理论课教学活动的全面开展过程中，"四史"的有效融入必须考虑能否有效融入课堂该阶段教学方法之中，较为理想的操作应包括四个步骤，最终方可确保课堂教学该阶段能够立足"四史"真实历史事件与学生形成双向互动。

（一）根据教学内容和"四史"真实历史事件设置师生互动话题

师生活动是高校思想政治理论课"新知初探"阶段较为理想的教学手段在，原因在于其能够与课堂导入话题之间形成良好的衔接，进而让课堂导入环节形成一个良好的延续，帮助学生顺利进入新课教学阶段，从中启发学生明确课堂学习的重点所在。针对于此，在"四史"有效融入该阶段教学手段过程中，教师必须做到在课前准备阶段根据教学内容和"四史"真实历史事件甄选和设置师生互动话题。

例如：在《形势与政策》课程的"国际形势：特点与看点"教学准备工作中，甄选的"四史"真实历史事件是"改革开放史"关于中国特色社会主义经济制度的构建与发展的相关案例，并且以此为中心可以设定"立足美国次贷危机看中国特色社会主义经济制度的优越性"。在进入新课部分后，教师可将互动话题以课堂导入进一步延续的方式传递给学生，并且让学生继续观看有关"美国次贷危机"相关的短视频，以及我国在该阶段社会主义经济制度的宏观调控措施，从而引发学生与教师关于中国特色社会主义经济制度的优越性的互动，确保学生更加顺利地了解课堂学习重点，同时为新课部分教学活动营造一个良好的互动氛围。

（二）注重对学生内心真实想法的倾听

在向学生明确互动话题并引起学生深入思考的基础上，学生总结出的结论或看法必须得到教师高度尊重，这样学生才能深刻感知自己的想法或看法在教师心中已经提起高度重视，并且在一定程度上得到了教师的认同，从而进一步确保学生课堂学习的兴趣能够在新课部分得到延续。在这一过程中，教师要做的就是认真倾听学生内心最真实的想法，由此才能保证互动话题中所涉及的教学内容和"四史"真实案例可以具备更强的启发和引导作用。

依然以《形势与政策》课程的"国际形势：特点与看点"教学为例，在做到向学生设置互动话题，并且将相关的教学资料和素材通过先进教学手段呈现在学生面前引发学生深度思考基础上，随即教师要鼓励学生积极踊跃地说出自己的观点和看法，同时用"倾听的耳朵"去了解学生问题思考和现状分析的主要视角，深刻体会学生所思和所想。这样为师生之间就某一现状和问题形成"来言去语"提供了较为理想的前提，更是新知初探阶段形成良好师生互动局面的基础所在。

（三）善于围绕学生所提出的观点和看法进行深入引导

从课堂教学"师生互动"的条件构成来看，尊重学生内心最真实的想法关键在于用心去倾听，但还有另外一个关键条件必须加以高度重视，即根据学生所提出的观点和看法，采用问题引导和启发的方式，让学生进入更深层次的思考，在无形中触及本课所要学习的重点。高校思想政治理论课教学更是如此，"四史"真实案例的融入显然也要具备伴随该关键条件有效运用这一特征。

在此期间，最为有效的操作就是将学生所提出的观点和看法进行总结，根据学生思考和分析的角度，用辩证唯物主义的思想向学生提出自己的观点和看法，由此引发学生深度思考的欲望。这一过程显然让师生间的互动变得更有内容，同时"四史"真实案例所具有的说明作用、启发作用、导向作用也得到彰显，为学生能够顺利理解、接受、掌握课堂学习的重点提供了强大的动力条件。

（四）使学生明确并理解、接受、掌握课堂学习的重点

结合"新知初探"阶段教学的最终目的，不难发现通过师生互动的手段引发学生关于互动话题的深度思考就是为了在教师明确课堂学习重点的一刻，学生可以突然产生"这就是本课所要学习的重点"的心理，从而实现师生活动的过程就是学生攻克学习重点的过程。

针对于此，在高校思想政治理论课教学的"新知初探"阶段进入尾声之时，教师要围绕学生深度思考所获得的最终结论，向学生点明结论中的哪些观点印证了"四史"真实历史事件，并且向其明确所提供的"四史"真实历史事件向后人说明了怎样的道理，而这正是本课所要学习的重点所在。在这一过程之中，通过与教师的互动，学生显然已经对课堂学习的主题有了更深层次的了解，"四史"真实历史事件所具有的引导、启发、说明作用得到了充分体现，所以在教师明确课堂学习重点之后，学生必然会出

现"原来这就是学习重点"的感觉，顺利理解、接受、掌握学习重点也在无形中成为必然。

三、核心精讲：要围绕"四史"真实历史事件组织学生开展探究学习

在课堂教学中，"核心精讲"部分就是主要针对课堂学习的难点进行攻破，其目的就是要让学生既能知其然，还能知其所以然，进而形成有效的知识内化与实际运用，高校思想政治理论课教学自然更是如此，这样不仅能确保学生真正理解并掌握相关理论思想，同时还能做到用其分析实际问题。对此，在进行"四史"的有效融入过程中，有效将其融入"核心精讲"部分教学方法之中更是至关重要，对此，笔者先通过视觉直观的方式呈现"四史"有效融入高校思想政治理论课堂"核心精讲"环节基本思路，并在之后的正文中将其基本思路做出明确论述，具体如图 5-7 所示。

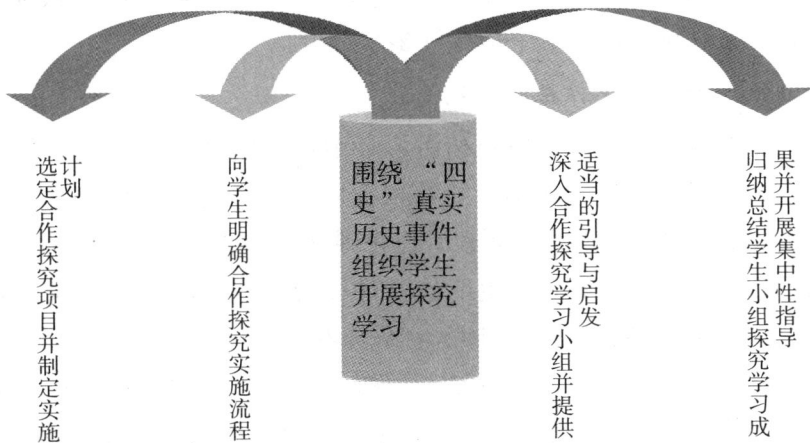

图 5-7 "四史"有效融入高校思想政治理论课堂"核心精讲"环节的路径

"核心精讲"环节作为高校思想政治理论课教育教学活动的全面开展中较为关键的一环，是学生知识与技能、能力与素养、社会情感与价值观念全面形成的阶段。为此，"四史"有效融入高校思想政治理论课教育教学活动必须将这一环节放在重要位置，图中所呈现出的四个条件自然缺一不可，由此方可确保高校思想政治理论课有效通过"四史"内容组织学生开展高质量探究学习活动。接下来将围绕上图所呈现的四个基本条件，将其在教

学过程中的具体实施过程进行说明。

（一）选定合作探究项目并制定实施计划

"核心精讲"环节作为课堂教学必不可少的组成部分，其作用就是要让学生将课堂所学的新知识充分"吃透"，并且形成知识的内化，力保学生真正做到学以致用。面对该教学环节所具备的上述作用，因此高校思想政治理论课教学活动自然也要将其视为重要组成部分，具体操作中必然要将选定合作探究项目，并且制定出完整的实施计划放在首位。

在合作探究项目的选定和实施计划的制定过程中，都要围绕"四史"相关历史事件来进行，确保学生所探究的学习项目能够拥有充分的史料证实，同时还要充分彰显"四史"在学生合作探究过程中的引导、启发、说明作用。以此为契机，在实施计划中应包括向学生阐明合作探究项目，以及合作探究活动的具体要求、寻找合作探究活动的开展方法、教师引导与启发、小组辩论赛、教师集中指导等多个部分。

（二）向学生明确合作探究实施流程

在课堂教学正式进入"核心精讲"环节后，随即教师要向学生明确合作探究的基本实施流程，让学生能够根据实际的探究项目将课堂所学的理论知识加以深层内化，最终达到攻克学习难点的目的。

在此期间，教师先要向学生明确具体的合作探究项目，并且给定"四史"相关的历史事件，明确要求学生结合本课所学习的理论知识去思考、去分析、去讨论、去归纳、去总结所要探究的项目，并且提出最佳的策略和建议。另外，倡导学生自由分组，自行控制合作探究各个环节的进度，并将探究的过程与结果进行全面记录和整理，确保学生在课堂"核心精讲"部分拥有极大地学习自主权，同时在"四史"证实案例的分析与运用上也能够实现高度自由化，以此来为高校思想政治理论课教学营造出较为理想的合作探究学习氛围，让学生课堂学习的积极性和主动性始终得到强有力的调动。

（三）深入合作探究学习小组并提供适当的引导与启发

在合作探究活动正式开始后，教师要深入到每一个合作探究学习小组之中，认真观察并倾听学生合作完成探究过程的具体思路，并且询问学生关于"四史"相关的历史事件究竟为其带来了哪些引导和启发，另外还要详细了解学生在进行问题思考、分析、讨论的视角主要集中在哪一方面。

除此之外，还要做到根据学生在合作探究学习过程中遇到的具体困难，给予相应的提示，让学生能够尽快跨越其阻碍，顺利完成合作探究学习的全过程。这样做的目的并不单纯在于提高课堂教学的效率，更重要的是让学生能够更加直观地体会到怎样通过"四史"相关历史事件去证明所学习的理论，进而加深学生的印象，促进学生新知识有效内化的同时，还能让学生掌握如何运用"四史"去检验所学理论的实用性，与此同时还能针对"四史"相关历史事件做出较为客观、公正、准确的评价。

（四）归纳总结学生小组探究学习成果并开展集中性指导

合作探究学习进入最后阶段并不意味该环节即将结束，而是意味着该环节下一项任务即将开始，即围绕合作探究的结果组织小组辩论赛。该环节的目的就是要让学生能够充分证明所提出的研究观点具有较强的可行性和现实意义，能够博采众长相互交流自身的研究观点并不断加以完善，从而使学生更加客观地认识中国发展的历程和未来发展的方向，确保所学的理论能够为自身今后的实践提供指导力，正确树立起思想、价值、道德、历史观念。

在这一过程中，教师要做的工作就是要将每个合作探究学习小组所获得的研究成果进行全面归纳与总结，向学生明确两种具有代表性的观点，分别设定为辩论的正方与反方，在辩论赛正式开始后则以"主持人"的身份维护辩论过程的公平与公正，最后再根据辩论结果对全体学生进行集中性指导，全面攻克课堂学习难点，同时让"四史"相关历史事件在课堂教学中的应用价值实现最大化。

四、随堂总结与互评：要围绕"四史"真实历史事件进行课堂总结与师生互评

总结与评价环节是任何教学活动实现质量层面的全面提升不可或缺的环节，高校思想政治理论课教学活动显然也不例外，所以在"四史"有效融入其教学方法的过程中，必须考虑到是否能够有效融入随堂总结与评价的固有教学手段之中。在这里，笔者认为较为可行的路径就是围绕"四史"真实历史事件进行课堂总结与师生互评，具体操作主要体现在以下三个步骤。

（一）立足"四史"相关历史事件的应用效果进行课堂教学总结

从课程教学活动的基本结构角度出发，"总结与评价"是课堂教学活动必不可少的一部分，而"课堂总结"往往是摆在第一位，之后才是"随堂评价"活动，其原因在于只有让学生深刻意识到课上学了什么内容和学习的方法，学生才能充分建立起一个完整的知识结构和技能结构，从而帮助学生形成自己对自己的肯定过程，这样更有利于在"随堂评价"环节充分接受来自教师的评价过程与结果。

对此，在高校思想政治理论课教学活动中，"总结与评价"也是必不可少的部分，同时也要先进行全面性的总结，而"四史"有效融入高校思想政治理论课教学方法时，则必须先立足"四史"相关历史事件的应用效果，有效开展课堂教学总结。在此之中，既要针对课堂学习的重点与难点进行总结，还要针对"四史"相关历史事件的应用过程进行系统的总结，由此确保学生既能了解到课堂学了什么和学习的方法，还能了解到"四史"的引导、启发、说明作用具体的体现，从而建立起完整的课堂知识与技能结构。

（二）围绕"四史"真实历史事件的应用开展"评学"活动

"评学"活动开展的目的就是要让学生真正了解到课堂中究竟学会了什么，以及对学习方法的掌握情况究竟如何，进而确保学生能够形成一套属于自己的学习方法。

基于此，在"四史"有效融入高校思想政治理论课教学方法过程中，必须围绕"四史"真实历史事件的应用开展"评学"活动。在此期间，教师既要围绕学生理论知识基础的掌握情况，向学生高度明确哪些知识点掌握较为理想，其原因在于能够有效运用教师所提供的"四史"相关历史事件，并从中受到了充足的启发；哪些知识点普遍掌握不够理想，其原因正与之相反，并将有效运用"四史"相关历史事件的方法传递给学生。最后，再将个别学生在课堂学习活动中，运用"四史"相关历史事件应注意的事项加以高度明确，由此来充分保证学生既能了解"学"的成果，同时还能了解如何有效改进"学"的方法，为全面增强"四史"在高校思想政治理论课的应用效果提供有力保证。

（三）根据"四史"真实历史事件的应用组织"评教"活动

"评教"活动的开展目的主要包括两方面：一是及时了解学生在课堂中未能满足的学习需要，二是让学生说出课堂教学活动最理想的改进方案。

就前者而言，应该立足"四史"相关历史事件的应用效果，让学生说出历史事件难以理解之处，该现象产生的原因究竟在于教师引导和启发不到位，还是在于"四史"相关历史事件本身就具有一定的难度；就后者而言，要根据学生关于"四史"的了解，将更具针对性的相关历史事件与教师和同学分享，教师根据学生所提供的相关历史事件的可用性，将其应用方案进行合理调整，以此确保今后高校思想政治理论课教学活动中，"四史"始终能够有效融入课程教学方法之中，由此实现新时代高校思想政治理论课教学质量不断提升，力求课程教学对学生思想、价值、道德、历史观念的引领作用始终保持最大化。

综合本节笔者所阐述的观点，不难发现在高校思想政治理论课建设与发展中，"四史"有效融入高校思想政治理论课教学方法并非易事。其中，既要注重课堂导入部分导入话题能够与"四史"相关历史事件形成紧密联系，进而打造出较为理想的历史情境。同时，还要在新知初探、核心精讲部分做到"四史"相关历史事件能够发挥强大的引导、启发、说明作用，确保形成良好的师生活动氛围和合作探究氛围，加快学生对新知识的理解、接受、掌握、内化速度。最后还要做到在课堂收尾阶段进行课堂教学总结与评价活动的全面开展，力求让学生了解通过"四史"相关历史事件真正学了什么、学会了什么、学的方法又是什么，由此方可将新时代高校思想政治理论课教学的高品质加以充分体现。

第四节 "四史"融入高校思想政治理论课程评价体系

课程评价是课程体系构建与发展的实施全过程的重要保障性条件，不仅能够充分体现出课程建设与发展的质量水平，同时还能客观反映出建设与发展的现状是否与目标成正比。对此，在高校思想政治理论课建设与发展中，"四史"的融入具有极为突出的可行性与必要性，并且经过具体的实施过程之后，是否能够实现质量水平的全面提升，是否能与建设与发展的目标高度一致就需要通过课程评价来客观呈现，故而打造出具有高度系统性的评价体系就成为必不可少的关键性工作。具体实施流程如图5-8所示：

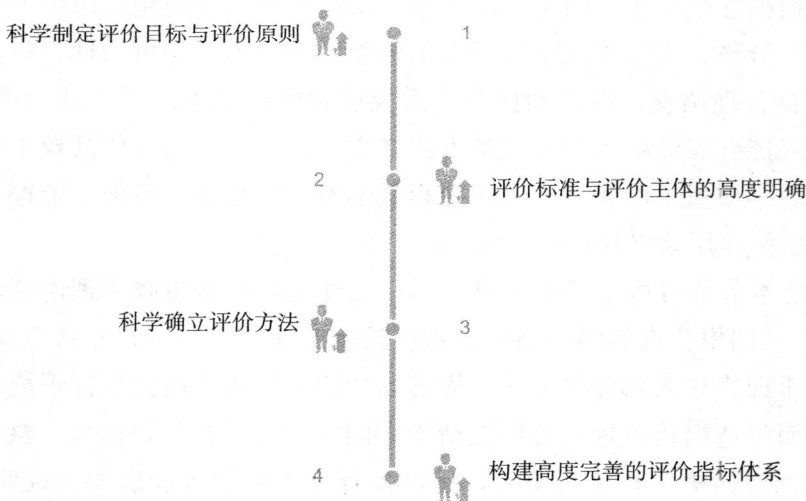

科学制定评价目标与评价原则　　　　1

2　　　　评价标准与评价主体的高度明确

科学确立评价方法　　　　3

4　　　　构建高度完善的评价指标体系

图5-8　"四史"融入高校思想政治理论课程评价体系的技术路线

在高校思想政治理论课程评价体系的构建中，一般流程在于先明确评价目标与评价原则，再确定评价标准与评价主体，之后选定评价方法并立足完善的评价指标体系进行课程建设与发展过程和结果的评价，最终得出具有高度客观性的评价结果。对此，在"四史"融入高校思想政治理论课的过程中，也要有效融入评价体系，融入的过程依然要以上图所示的基本流程相一致。

一、评价目标与原则的制定

历史是一个国家和民族最持久最深层的精神力量，是民族的集体记忆，是最好的教科书。习近平同志在"不忘初心、牢记使命"主题教育总结大会上指出："一个忘记来路的民族必定是没有出路的民族，一个忘记初心的政党必定是没有未来的政党。"全党同志要跟上时代的步伐，"把学习贯彻党的创新理论作为思想武装的重中之重，同学习马克思主义基本原理贯通起来，同学习党史、新中国史、改革开放史、社会主义发展史结合起来，同新时代我们进行伟大斗争、建设伟大工程、推进伟大事业、实现伟大梦想的丰富实践联系起来，在学懂弄通做实上下功夫，在解放思想中统一思想，在深化认识中提高认识，切实增强贯彻落实的思想自觉和行动自觉。"① 思想政治理论课是立德树人的关键课程。党史、新中国史、改革开放史、社会主义发展史是中国共产党人的励志史、创业史、奋斗史和精神塑造史，蕴含着丰富的精神内涵和文化教育资源。将"四史"融入思想政治理论课，有助于在信仰、精神、动能和道义方面强化思想政治教育的硬核力量，对于培养大学生正确的历史观、国家观、民族观具有重要的现实意义。

评价目标和评价原则的确立应置于评价体系构建的首要位置，其原因在于评价目标指的就是为什么要进行评价，而评价原则是以怎样的视角进行评价，所以在构建评价体系的过程中，普遍将这两方面作为基础环节。对此，在进行"四史"融入高校思想政治理论课程评价体系的构建中，依然将评价目标与原则的制定作为首要环节，以此让评价过程能够拥有明确的目标和方向。

（一）评价目标的制定

"评价目标"就是进行评价的原因是什么，要达到怎样的效果，这也充

---

① 习近平.在"不忘初心、牢记使命"主题教育总结大会上的讲话[M].北京：人民出版社，2020：13.

分体现出在评价体系构建中，评价目标的重要性和基础性所在，评价"四史"融入高校思想政治理论课过程与效果自然也是如此。

1. 客观判断"四史"融入高校思想政治理论课程的价值

随着高校思想政治理论课改革的步伐不断加快，特别是面对中国特色社会主义现代化强国建设之路的全面开启，高校思想政治理论课建设与发展之路面临着更高的标准和要求，2021年12月28日召开的全国高校思想政治工作会议中，明确指出了将思想政治课程作为高校建设成为"双一流"大学的关键。另外，随着"立德树人"理念在高校人才培养道路中的不断深化，高校思想政治理论课更要发挥出主力军的作用，"四史"作为记录我党和国家带领全国人民建设与发展社会主义事业的重要载体，将其有效融入高校思想政治理论课具有极为明显的意义和价值，具体则是体现在"以史为鉴"让学生思想、价值、道德、历史观念能够得到全面树立，并且能够更加坚定"四个自信"和进一步提高"四个意识"。对此，这显然也是评价高校思想政治理论课"四史"融入过程与成果的重要目标所在。

2. 评价对象"最大化"

从评价工作的最终目的出发，就是要充分体现出当前的现状和可提升空间，故此全方位评价显然成为评价工作的一项根本要求，也是评价体系构建的一项最基本原则所在。针对于此，在进行"四史"融入高校思想政治理论课的过程与效果的评价中，评价体系构建必须将评价对象的最大化作为重要目标之一。其中，不仅要包括"四史"融入高校思想政治理论课的方案，同时还要包括融入的实施过程和实施结果，由此反映出在融入过程中目标是否合理、具体操作流程是否得当、操作方法是否具有实用性、融入的结果是否趋于理想化等问题，从中找出可提升空间的同时，改进与优化融入路径也由此拥有最为可靠的依据。

（二）明确遵循的评价原则

明确评价原则就意味着评价活动有了最基本的初衷，评价过程和结果都有了明确的方向。对此，在评价"四史"融入高校思想政治理论课的过程与效果时，必须要有明确的评价原则作为支撑。具体要遵循以下五个基本原则。

1. 客观性原则

所谓的"客观性原则"，是指在评价活动的开展过程中，在测量标准与测量方法上，都要与客观实际保持高度的统一，由此确保最终的评价结果可以作为评价方案与措施是否有效的客观依据。针对评价"四史"融入高校思想政治理论课的过程与效果而言，必须确保评价的标准和方法高度适用，不能根据评价主体的主观意愿擅自进行调整，由此方可保证最终的评价结果有利于其融入路径的不断优化。

2. 整体性原则

所谓的"整体性原则"，是指评价的过程要从多个角度、全方位进行，不能片面和偏激，要确保其评价过程与结果的公正与客观。针对"四史"融入高校思想政治理论课过程与效果而言，评价的角度显然要体现在融入的目标、融入的方法、融入的原则、融入的效果等多方面，这显然让融入的过程和结果得到全方位评价，评价的结果也能够具有指向和说明作用。

3. 发展性原则

所谓的"发展性原则"，是指要将评价的注意力放在课程与学生的发展层面，以及课程建设与发展所存在的动力方面。针对"四史"融入对高校思想政治理论课过程与效果而言，评价的角度必须从融入的可行性、合理性、科学性入手，评价过程和评价结果能够反映出"四史"融入的必要性和可提升空间，从而助力高校思想政治理论课在品质层面的全面提升。

4. 科学性原则

所谓的"科学性原则"，指的就是评价过程不能仅以评价主体的直觉进行主观评价，必须要有充足的科学依据作为支撑。具体而言，在评价"四史"融入高校思想政治理论课的过程中，评价标准与评价指标的构建中，要通过专家打分的方式确立起评价内容，同时根据评价内容在进行各级评价指标的确立。在评价标准方面，要以新时代高校思想政治理论课所面临的新要求，以及党和国家关于高校思想政治理论课开展"四史"教育的相关规定为中心，从中确立评价标准，确保评价过程和结果都能具有高度的客观性，由此充分彰显出评价过程和结果的科学性。

5. 指导性原则

所谓的"指导性原则"，其实质就是评价的过程与结果对今后的发展具有一定的指导意义，确保实施方案和措施能够得到不断的优化。评价"四史"融入高校思想政治理论课的过程中，既要做到评价的视角具有高度的客观性，同时还要做到评价的视角能够在未来发展道路中具有一定的指导作用，从而确保评价过程与评价结果所反馈出的信息具有一定的指导意义，成为不断深化其融入路径的重要依据。

二、评价标准与评价主体的明确

评价标准和评价主体是评价体系结构中两个不可缺少的部分，直接关乎评价过程以怎样的尺度去鉴定是否达到要求，以及由谁鉴定是否达到要求，如果评价标准与评价主体不能做到科学明确，显然会直接影响最终的评价结果。对此，在评价"四史"融入高校思想政治理论课程时，评价体系的构建依然要将明确评价标准与评价主体放在重要位置。接下来笔者先针对确立课程评价标准和主体的必要条件进行直观呈现，并且在下文中有针对性地对其必要条件做出分析，具体如图5-9所示。

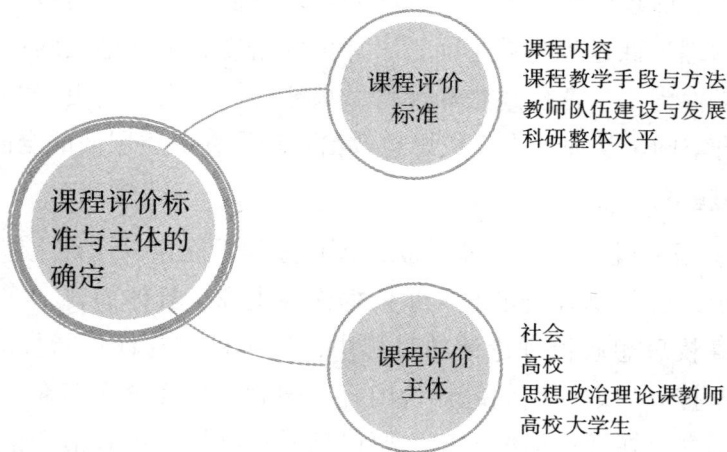

课程评价标准：课程内容、课程教学手段与方法、教师队伍建设与发展、科研整体水平

课程评价主体：社会、高校、思想政治理论课教师、高校大学生

课程评价标准与主体的确定

图5-9　"四史"融入下的高校思想政治理论课成评价标准与主体基本构成条件

（一）明确评价"四史"融入高校思想政治理论课的标准

评价标准指的就是评价活动中应用于评价对象的标尺，评价标准具有高度的客观性能够确保评价结果的客观性和准确性。对此，在评价"四史"融入高校思想政治理论课的过程与效果时，立足"四史"融入高校思想政治理论课的目标，以客观的视角确立评价标准。

1. 课程内容方面

要做到根据新时代背景下党和国家关于高校人才培养所提出的具体要求，围绕课程教学活动开展的切实需求，有针对性的围绕"四史"相关内容进行课程内容的全面深化，将充分发挥"四史"的启发性、导向性、说明性作用作为课堂评价标准，让课程所传递的信息可以全面引领新时代高校学生思想观念、价值观念、道德观念、历史观念的正确树立。

2. 课程教学手段与方法方面

要做到能够根据课程建设与发展的切实需要，促进教学手段和方法的不断深化，从中实现课程教学开展形式迈向多样化发展的同时，实现理论与实践高度结合，颠覆传统高校思想政治理论课教学的固有特征。最终达到师生之间能够形成紧密的互动，生生之间能够形成合作学习，打造出较为理想的课程教学氛围。

3. 教师队伍方面

要具备能够根据课程内容有针对性地选择"四史"相关资料的能力，并且具备根据教学内容与相关素材组织教学活动有序开展的能力，以及根据教学活动合理选择并及时做出教学手段调整的能力，确保"四史"不仅能够与高校思想政治理论课内容紧密融合，还能实现与高校思想政治课程建设与发展的总体目标相融合。

4. 科研水平方面

"四史"有效融入高校思想政治课是一项极为系统的工程，不仅要针对其可行性与必要性进行深入的研究与探索，同时还要将融入的路径和方法通过实践对比的方式进行分析，由此方可确保融合的效果达到最佳。对此，高校思想政治理论课程所具备的科研水平显然至关重要，有效促进科研水平的不断提升成为评价"四史"融入高校思想政治理论课的一项重要标准。

（二）确立评价"四史"融入高校思想政治理论课程的主体

评价主体是指针对评价对象开展评价工作的机构或人，评价主体是否明确会直接影响评价结果的是否客观。"四史"有效融入高校思想政治理论课的过程是否合理，融入的效果是否理想需要从多个方面去分析，这也意味着评价"四史"融入高校思想政治理论课程时，必须做到评价主体的多样化，以下笔者就将其加以具体明确。

1. 社会

由于"社会评价"是指评价某一活动或行为对实现社会目标方面所做出的贡献，所以在评价"四史"融入高校思想政治理论课程时，应该将社会作为重要的评价主体。具体而言，高校思想政治课建设与发展道路中，将"四史"有效融入高校思想政治理论课的目的非常明确，就是要为新时代中国特色社会主义现代化强国建设培养更多高质量人才，确保学生以坚定的理想信念、正确的思想观念和价值观念、良好的道德观念和历史观念投身于新时代中国特色社会主义现代化强国建设中去，所以有效开展社会评价必须作为课程评价的重要主体。

2. 高校

高校作为高质量人才培养的重要平台，课程建设与发展的整体质量和水平都要有学校评价作为支撑，所以在评价"四史"融入高校思想政治理论课程时，应该将高校作为评价的主体。具体而言，高校思想政治理论课城建设与发展道路中，高校要始终围绕党和国家根据时代发展所提出的具体要求，不断在课程目标、内容、教育教学方法上进行调整，并且制定出相关的目标，在实践中根据其过程和结果进行有针对性的优化与调整，确保课程建设与发展始终与新时代所提出的新要求同向同行，故而高校评价应作为课程评价不可缺少的部分。

3. 思想政治理论课教师

教师无疑是施教主体，课程建设与发展道路中，各项措施的全面落实往往需要广大教师深入执行，由此才能确保课程建设与发展的效果更好地呈现。其间，具体实施过程所呈现出的状况需要由教师反馈，同时教师也会根据实施过程产生自己的看法与观点，这些显然都有利于从根本上改进课程建设与发展的现状。所以，在评价"四史"融入高校思想政治理论课程时，高校思想政治理论课教师应该作为重要的评价主体，有效进行教师评价自然也是进行该课程评价的重要组成。

4. 高校学生

在新时代发展背景之下，高校课程建设与发展始终围绕高质量人才培养来进行，其目的就是要让广大高校学生不仅在知识与技能层面得到全面提升，更要在能力与素养方面得到全面增强。其间，素养不仅体现在道德素养与职业素养方面，更体现在学生政治素养、思想观念、价值观念等多方面。高校思想政治理论课作为全面增强新时代高校学生政治素养、思想观念、价值观念的重要载体，能够将其转化为现实往往不能单纯依靠社会、学校、教师而定，更要通过学生自身充分反映出来。对此，在评价"四史"融入高校思想政治理论课程时，高校学生必须作为重要的评价主体，开展学生评价活动自然要放在重要位置。

三、评价方法的科学选择

通过评价体系构建的基本流程来看，在明确评价目标和评价原则，以及评价标准和评价主体的基础上，随之而来的就是要选择评价方法。评价方法是指在评价活动中以怎样的视角开展评价工作，以及以怎样的方式计算评价结果，所以评价方法必须作为评价体系构建与运行过程的重要组成部分。对此，在进行"四史"有效融入高校思想政治理论课的过程与效果评价中，应结合具体的需要对评价方法科学选择。

（一）评价方法选择的根本立足点

在评价体系的构建中，评价方法的选择是否合理直接关乎评价结果生成的过程是否具有高度的准确性，最终也会直接影响评价结果是否具有高度的可靠性。所以在评价某一行动或行为的过程中，必须找准立足点确定评价方法，就评价"四史"有效融入高校思想政治理论课的过程与效果而言，显然也是如此，笔者认为立足点应该包括下述三方面。

1. 必须坚持过程性评价

所谓的"过程性评价"是与"结果性评价"相对应的一种评价方式，不仅强调评价某一活动或行为的实施过程，同时还注重针对其结果进行评价，由此确保某一活动或行为在实施过程与结果方面呈现出的价值更加直观，这也正是诸多评价活动普遍选择过程性评价的主要原因所在。针对评价"四史"有效融入高校思想政治理论课的过程与效果而言，在评价方法的选择上也要将过程性评价视为根本立足点，由此确保融入过程中的现实状况得到及时呈现，并客观反映出最终效果。

2. 保持定性与定量相结合

总所周知，在评价活动开展过程中，并非所有评价指标都能实现量化，往往有很多评价指标需要通过语言描述的方式来呈现出评价结果，所以定性评价就成为一种重要的选择，同时也要将定量评价作为评价活动方法的重要选择对象。针对于此，在评价"四史"有效融入高校思想政治理论课的过程与效果时，评价方法的选择必须高度坚持定性与定量相结合，由此方可确保各项评价指标都能反映出现实状况和特点。

3. 多元化评价应视为重中之重

在评价活动中，所谓的多元化评价指的就是评价的指标和评价的对象应保持多样性，要通过多个评价指标对多个评价对象做出综合性评价，确保评价结果更加具有指向性的同时，可以为有效改进行动方案和措施提供具有客观性和针对性的依据。为此，在评价"四史"有效融入高校思想政治理论课的过程与效果时，评价方法的选择必须要将多元化评价视为重中之重。

（二）评价方法的确定

结合笔者在上文中阐述的评价方法选择的根本立足点，不难发现在选择的评价方法中，必须确保能够满足评价指标数量较大、对多个评价对象进行评价的要求，同时还要具备定性与定量评价相兼容的特征，另外还必须高度支持过程性评价活动的全面开展。对此，笔者认为"模糊综合评价法"为较理想的选择。所谓的"模糊综合评价法",就是一种基于模糊数学的综合评价方法,该综合评价法根据模糊数学的隶属度理论把定性评价转化为定量评价,即用模糊数学对受到多种因素制约的事物或对象进行总体的评价。它具有结果清晰、系统性强的特点,能较好地解决模糊的、难以量化的问题,适合各种非确定性问题的解决。

四、评价指标体系的构建

评价指标体系作为评价体系中的重要组成部分,不仅要在评价内容选定范围上做到高度明确,还要在评价指标选择上做到高度科学合理,由此才能保证评价结果客观反映出现实状况和最终取得的成效。评价"四史"融入高校思想政治理论课的过程与效果更是如此,评价指标体系构建流程具体如图 5-10 所示。

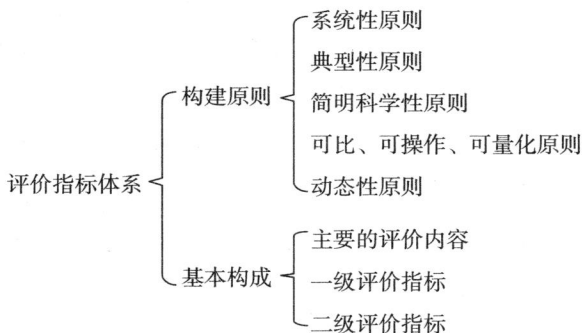

图 5-10 评价指标体系构建流程

评价指标体系的构建作为评价"四史"融入高校思想政治理论课过程中较为关键的一环。其中,不仅要有明确的构建原则,还要有明确的评价内容和系统性的评价指标作为重要支撑,由此才能确保评价结果客观反映融入过程和结果的真实情况。为此,接下来笔者就以此为立足点做出明确的论述。

(一)明确评价指标体系构建的原则

在明确评价指标体系构建的全过程中普遍将明确构建原则放在第一位,

原因在于评价原则的明确就意味评价指标构建的出发点已经确定，原则的科学合理则说明评价指标体系构建能够确保评价结果高度客观、准确。对此，在评价"四史"融入高校思想政治理论课的过程与效果过程中，必须先明确其构建原则，具体包括以下几项原则。

1. 系统性原则

所谓的"系统性原则"，指的就是评价指标之间必须存在明显的逻辑关系，这样既能体现出各个评价要素之间的具体特征，同时还能充分表达出彼此之间的内在联系。针对"四史"融入高校思想政治理论课过程与效果而言，对其进行有效的评价也要充分遵循这一原则，既要做到能够反映出内在逻辑关系，同时还要可以充分反映出评价指标所存在的具体特征和内在联系，进而确保评价结果能够具有高度的客观性。

2. 典型性原则

所谓的"典型性原则"，就是评价指标要具有一定的代表性，最大程度上反映出特定领域内的综合性特点，做到即便是在评价指标相对不足的情况下也能将评价结果更加准确地计算出来，由此提升评价结果的可靠性。对此，在评价"四史"有效融入高校思想政治理论课的过程与效果中，评价指标体系的构建也要充分坚持这一原则，最大程度保证评价结果能够具有高度的准确性和可靠性。

3. 简明科学性原则

在评价体系的构建与完善过程中，始终是以确保其科学性为根本初衷，强调评价指标不仅能够反映出评价对象的特征和现实情况，同时还要客观呈现出评价指标本身所具有的真实关系，这显然是评价指标保持高度合理的重要前提。对此，在评价"四史"融入高校思想政治理论课的过程与效果时，评价指标体系依然要遵循简明科学性原则，确保评价指标体系能够反映出评价对象的现实情况和总体特征，并且每一级评价指标和每一级评价指标的内部构成要素之间都能呈现出真实的联系，由此确保评价指标体系具备高度的合理性。

4. 可比、可操作、可量化原则

该原则主要体现在评价指标的选取方面，既要做到选取范围高度一致，同时还要做到能够为国家所出台的相关政策，以及有效开展各项管理工作所服务，除此之外还要做到所选指标必须与计算量度和计算方法高度一致，确保评价指标显而易见，同时能够呈现出极为明显的微观性和易获得性两个基本特征[①]。"四史"有效融入高校思想政治理论课的过程中，其目的就是全面落实国家关于全面提升新时代高校人才培养质量这一新要求，更好地为引领高校学生思想、价值、道德、历史观念所服务，所以在融入过程上必须做到科学有效的管理。对此，在评价高校思想政治理论课融入的过程与效果之时，评价指标体系的构建必须将可比、可操作、可量化作为一项基本原则。

5. 动态性原则

所谓的"动态性原则"，其实质就是各个环节的协同发展需要通过具有时间尺度的指标充分反映出来，这些指标所呈现出的特征就是动态化特征。因此，在进行评价指标体系的构建过程中，必须遵循这一原则。"四史"融入高校思想政治理论课的过程也是如此，实现过程各个环节的协同发展需要经过一定的时间才能得到充分体现，所以在将其效果进行有效评价就必须伴随具有动态化特征的指标存在，故而"动态性"原则应作为评价指标体系构建必须遵循的原则。

6. 综合性原则

该原则是指评价指标体系的构建必须体现出"共赢"的目标，从而让评价指标呈现出极为强烈的综合性。对此，在评价"四史"融入高校思想政治理论课的过程中，评价指标体系的构建必须围绕"共赢"二字来进行，确保课程质量全面提升的同时，为新时代中国特色社会主义现代化强国提供强有力的高质量人才支撑。

---

① 关明，魏强. 高校思想政治理论课学习评价体系探析[J]. 中学政治教学参考，2021（20）:53-55.

（二）确定评价指标体系的构成

在明确评价指标体系构建原则基础上，随之而来的就是要确定评价内容的选择范围，并在其范围内明确具体的评价指标，其中既要包括一级评价指标，又要包括二级评价指标，确保评价结果既能充分反映出"四史"在高校思想政治理论课程融入过程中的现实情况，同时还能展现出所取得的成果，这显然也为有效优化和调整融入方法指明了方向①。

1. 主要的评价内容

面对新时代为高校思想政治理论课建设与发展提出的新要求，不难发现将"四史"有效融入课程体系之中具有高度的可行性和必要性，但依然做到在课程目标、课程内容、课程教学方法方面做到有效融合，由此方可确保"四史"在高校思想政治理论课教育教学活动中的作用与价值最大化呈现。对此，就评价内容而言，依然要将"四史"在高校思想政治理论课程目标中的融入、"四史"在高校思想政治理论课程内容中的融入、"四史"在高校思想政治理论课程教学方法中的融入三方面作为评价内容，最终让评价结果客观说明融入的效果。

2. 一级评价指标

结合上述提到的三项内容，笔者认为每项评价内容应包括三个一级评价指标，即"四史"在高校思想政治理论课程目标中的融入评价内容中，要包括是否对课程目标形成了质的改变、是否能让课程目标得到进一步深化、是否能够促进课程建设与发展的可持续性；"四史"在高校思想政治理论课程内容中的融入评价内容中，要包括是否对课程内容进行了丰富、是否促进课程内容深度增加、是否确保内容具有较为理想的引领作用；"四史"在高校思想政治理论课程教学方法中的融入评价内容中，要包括能否适应固有的课程教学方法的使用过程、能否促进固有教学方法的深化、能否推动教学方法的创新。

---

① 佘双好，张琪如. 高校思想政治理论课课程评价的特点及改革路径 [J]. 思想理论教育，2021（3）:18-24.

3. 二级评价指标

上文中已经明确指出根据具体评价内容所应包括的一级评价指标，在这里二级评价指标的构建完全是一级评价指标的全面细化，并且做到每个二级评价指标之间都要保持紧密的联系，充分呈现出对一级评价指标的影响，由此让评价指标能够客观反映"四史"在高校思想政治理论课程融入的现实情况和效果，为高校有效调整其融入路径和措施提供可靠性极高的依据。

综上所述，可以看出有效开展"四史"融入高校思想政治理论课的过程与效果是一项极为系统工程。其中，既要有明确的评价目标和评价原则作为前提，还要有科学的评价方法和评价主体作为支撑，最后还要有完整的评价指标体系作为重要保证，由此方可确保评价过程与评价结果具有高度的客观性和准确性，为有效调整融入过程提供重要保证。

第六章 "四史"融入高校思想政治理论课的策略保障

古语有言："兵马未动，粮草先行。"这句话在当今时代的解读就是在各项行动和措施积极落实之前，要将其保障条件进行深入的挖掘，以保行动和措施的有效开展，高校思想政治理论课建设与发展中，"四史"的有效融入也需要先将其策略保障条件进行深入挖掘。因此，笔者在本章的观点阐述中，就紧紧围绕其策略实施的保障性条件进行全面分析，具体包括以下四个方面：深入解读"四史"内涵及高校思想政治理论课程标准；立足深挖"四史"时代意义与价值丰富课程的内容；注重教育新技术的深层运用；课程评价标准和评价指标的构成要素。

第一节 深入解读"四史"内涵及高校思想政治理论课程标准

上一章中，笔者已经针对"四史"有效融入高校思想政治理论课的基本路径加以明确，但在路径实施过程中，各项策略的落实都需要拥有极为坚实的保障条件作为重要支撑，以下笔者先将深入解读"四史"内涵及高校思想政治理论课程标准必不可少的条件以视觉直观的形式呈现出来，具体如图 6-1 所示。

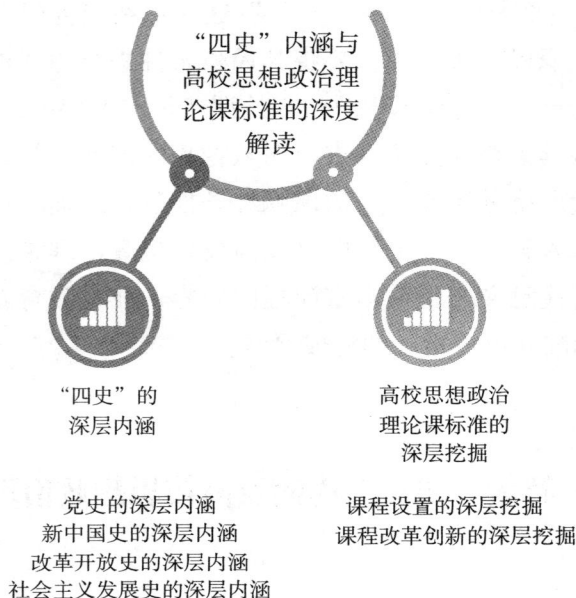

"四史"内涵与高校思想政治理论课标准的深度解读

"四史"的深层内涵

高校思想政治理论课标准的深层挖掘

党史的深层内涵
新中国史的深层内涵
改革开放史的深层内涵
社会主义发展史的深层内涵

课程设置的深层挖掘
课程改革创新的深层挖掘

图 6-1　深层解读"四史"内涵与高校思想政治理论课标准的侧重点

　　"四史"作为见证中国共产党、中华人民共和国、中国人民在百余年发展中的艰辛历程的记录，无疑在教育人、引导人、启发人、激励人方面作用极为突出，高校作为中国特色社会主义新时代高质量人才培养的摇篮，而思想政治理论课更是高校高质量人才培养的前沿阵地所在，所以高校思想政治理论课标准显然也在根据中国特色社会主义事业建设与发展不断发生改变，将"四史"有效融入课程建设与发展之中更是成为必然，但确保其质量始终保持最优化就需要针对"四史"的内涵和高校思想政治理论课标准不断进行深度解读。

一、"四史"内涵的深入解读

　　"四史"即党史、新中国史、改革开放史、社会主义发展史，每一部历史都记载着党和国家带领全国人民在探寻、改革、创新社会主义发展道路中的成功与艰辛，更启发党和全国人民中国特色社会主义发展的未来，因此这也是新时代背景下全国各界深入学习"四史"的时代意义与价值。

（一）深入解读党史的内涵

党史作为见证中国共产党从无到有、从弱小变强大的过程，汇聚中国共产党治国理政的成功经验，不仅是中国特色社会主义建设与发展的光辉史，也是中国共产党带领全国人民奔向幸福的奋斗史。

党史中记录了中国共产党始终坚持马克思主义思想的正确引领，并通过实践总结出必须结合中国发展的实际情况，不断完善社会主义制度，最终形成中国特色社会主义先进制度。在此期间，不仅总结出诸多成功经验，同时也汲取了丰富的教训，切实将实际问题进行最及时和最有效的解决，让"全心全意为人民服务"的宗旨得到最深层践行。党的十九大以来，中国共产党更是用实际行动向全世界回答了具有时代性的问题，进而让我国进入崭新的中国特色社会主义发展新时代。

（二）深入解读新中国史的内涵

新中国史作为记录中国共产党领导下的中国人民在社会主义发展的各个阶段逐步迈向繁荣，最终走向富强民主文明和谐美丽的重要载体，更是对中华民族在近代社会面对各种压力顽强不屈，敢于迎接和战胜一切挑战的真实记录。

自中华人民共和国成立以来，我党在社会主义道路探索实践中，充分运用了社会主义一系列理论和国家学说，将我国的国体、整体、根本和基本制度，以及重要制度进行了不断完善，进而成为社会主义国家的一员。在社会主义发展的初级阶段，我党和国家针对实际的国情需要，制定出了具有高度适应性的社会主义基本路线，同时还立足社会主义未来发展，制定出了现代化发展战略，确保我国社会主义发展之路始终处于可持续状态，并最终实现现代化发展目标。自党的十八大以后，全国人民在中国共产党的带领下进一步对经济体制进行了改革，将经济结构进行了战略层面的优化与调整，由此打造出开放的市场经济。与此同时，还更加突出创新驱动发展战略的重要地位，为全面建成小康社会并实现中国特色社会主义现代化强国建设目标提供强大的指导力。

（三）深入解读改革开放史的内涵

党的十一届三中全会胜利召开标志着中国社会主义进入全新的发展阶段，中国特色社会主义经济制度全面形成，对内改革、对外开放的思想让新时代中国人民真正从"站起来"向"富起来"过渡，为中华民族的伟大复兴奠定了坚实的基础。

在改革开放发展之路上，中国共产党领导下的中国人民，在党的一系列战略决策落实过程中，一步一步扎实稳健地进行攻坚克难，以全面革新和优化经济制度为重要依托，全面加快我国新时期文化教育事业、医疗卫生事业、住房市场等领域的体制性改革，进而确保我国综合实力得到大幅度提升。党的十九大胜利召开，进一步明确改革开放始终是一项艰巨而又繁重的任务，将贯穿中国特色社会主义事业发展全过程，全党、全国、全社会要始终保持接力的精神，为最终实现中华民族伟大复兴的中国梦不断努力奋斗下去。

（四）深入解读社会主义发展史的内涵

社会主义发展史作为记录我党在践行社会主义道路过程中，从理论走向实践的重要载体，也是科学社会主义全面形成的总体路径，因此在我国社会主义事业发展中具有明确的导向性作用。

从中华人民共和国成立之日起，中国共产党就肩负起了带领全国人民共同求索社会主义道路的使命，在一个个重大历史转折中做出的战略决策充分印证这一点。随着改革开放重大战略决策的提出，中国共产党将社会主义理论不断结合中国实际发展状况，形成中国特色社会主义理论体系，让社会主义更好地扎根于中国大地，从而确保中国特色社会主义发展从胜利走向新的胜利，从辉煌走向新的辉煌。

二、新时代高校思想政治理论课程标准

党的十九大胜利召开向全世界传递一个极为重要的讯号，中国已经迈入新时代中国特色社会主义现代化强国建设阶段，这也意味中华民族比近代中国各个发展阶段都要接近民族的伟大复兴。由于在国家发展、民族复兴、社会进步的道路中，教育始终要处于先行的位置，高校思想政治理论

课是高校课程体系最基础也是最重要的组成部分，所以在新时代背景下高校思想政治理论课程建设与发展也迎来了新的课程标准。

（一）课程设置方面

要根据中共中央、教育部的相关规定，以及所下发的相关政策文件，围绕高校学生思想、价值、道德、历史观念的全面发展设置相关课程和学分，并对应课程设置划分课堂教学学时。除此之外，在高校本科和研究生阶段，高度明确思想政治理论课的必修课与选修课。

特别值得注意的是，在新时代高校思想政治理论课新课程标准中，明确指出要围绕中国特色社会主义思想，将党史、新中国史、改革开放史、社会主义发展史作为课程建设与发展，以及课程教学实践的重要组成部分，贯穿高校思想政治理论课程教学实践工作，并强调宪法法律与中华优秀传统文化等课程模块的构建与实践，让"四史"、宪法与法律、中华优秀传统文化切实发挥出教育人、引导人、启发人、影响人的作用，以此提升新时代高校思想政治理论课的课程品质。

（二）改革创新方面

从新时代中国特色社会主义事业建设与发展的角度出发，引导高校学生在实践中深度运用中国特色社会主义理论和先进文化，并将中国特色社会主义经济制度不断深化落实成为高校思想政治理论课的一项基本任务和要求，因此在新时代高校思想政治理论课程建设与发展道路中，强调政治性与学理性相统一、理论性和实践性相结合、统一性与多样性相兼顾、隐性与显性教育相结合就成为高校思想政治理论课新课程标准的基本要求。以此为基础，探索高校思想政治理论课在教学内容、教学手段、教学方法上的创新之路，确保高校思想政治理论课不仅具有极强的思想引领作用，同时还具有高度的理论性和亲和力。

除此之外，还要秉承"大思政课"建设思路，强调将各种有利于高校学生思想、价值、道德观念引导与启发的资源有效运用至课程思想政治理论课建设之中，确保高校思想政治理论课能够融合各方有效教育资源于一体，确保理论与实践高度结合起来，让鲜活的实践案例始终围绕在思想政治理论课程教学活动之中，由此达到"三全育人"的最终效果，即全员育人、全程育人、全方位育人。另外，在课程考核方式上也要保持创新思想，强调考核不仅要注重其结果性，更要注重其过程性，由此确保高校学生理想信念、政治素养、社会责任、家国情怀能够得到全面培育，力求高校思想政治理论课在学生思想、价值、道德、历史观念发展中发挥重要引领作用。

综合本节所阐述的观点不难发现，"四史"作为党和国家领导全国人民创造历史的重要见证，其经验与教训深深启发后人的同时，能够坚定人们新时代中国特色社会主义事业发展的信心，而高校思想政治理论课新课程标准在课程设置方面，以及改革创新方面提出了新要求，其中在课程内容上和课程教学资源上都要让"四史"成为课程建设与发展不可缺少的一部分。这也意味新时代高校思想政治理论课内容的丰富性将达到前所未有的新高度，这也正是笔者在下一节所要阐述的主要内容。

第二节 深挖"四史"的时代意义与价值以丰富课程内容

不断提升课程内容的丰富性，不仅可以确保向学生传递的信息更加丰富，促进学生知识与技能结构的完整性不断提高，还有助于学生能力与素养的全面发展。为此，在新时代背景下的高校思想政治理论课建设与发展道路中，确保"四史"的有效融入必须深入挖掘其时代意义与价值，将课程内容不断加以丰富，以此来保障课程教学内容始终对学生思想、价值、道德观念的形成过程产生重要影响。在此期间，需要注意的事项如图6-2所示。

		○ "四史"时代意义的深入挖掘
"四史"的时代意义与价值		○ "四史"时代价值的深入挖掘
丰富高校思想政治理论课内容的主视角		○ 促进高校大学生"四个意识"的产生
		○ 助力高校大学生"四个自信"的增强

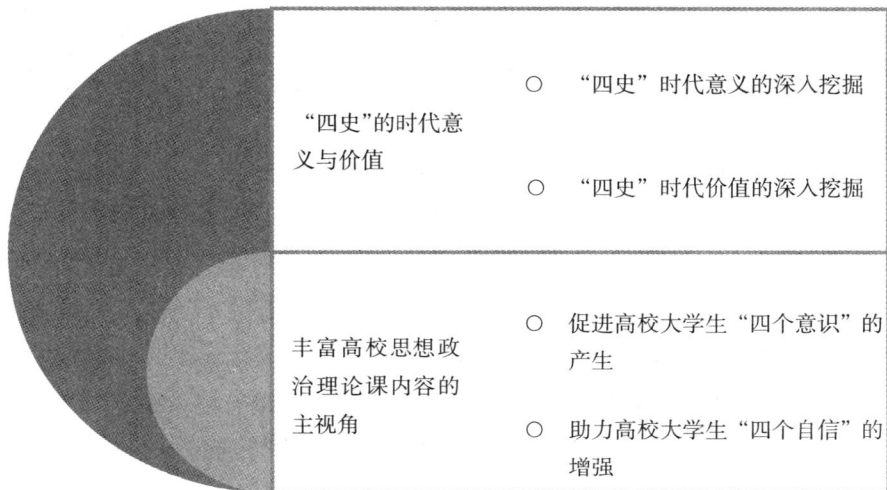

图 6-2　深挖"四史"时代意义与价值丰富课程内容

"四史"作为中国共产党带领全国人民谋求幸福的历史见证，更是党和国家从弱小到强大，再到强盛的历史记录，不仅具有指引中华民族伟大复兴的作用和价值，更具有启发后人不断为实现中华民族伟大复兴的中国梦而不懈努力奋斗的意义。为此，不断深入挖掘"四史"的时代意义与价值，将高校思想政治理论课内容不断加以丰富，显然是确保"四史"有效融入高校思想政治理论课的一项重要保障。

一、"四史"时代意义与价值

面对新时代中国特色社会主义现代化强国建设新征程的全面开启，标志着中国共产党带领全国人民向实现民族伟大复兴的中国梦又迈出一大步，如何建设和发展中国特色社会主义现代化强国显然值得全党和全国人民共同深度思考，理论创新和实践创新必然是基础中的基础、关键中的关键。在此期间，回顾过去是成就未来的有力保证，而这也正是"四史"所具有的时代意义和价值，具体如下。

(一)深入挖掘"四史"的时代意义

"思想建党"和"理论强党"作为我党在新时代不忘初心、砥砺前行之本，更是我党在新时代不断加强理论创新和实践创新的重要保证。对此，中共中央办公厅在 2021 年 5 月印发《关于在全社会开展党史、新中国史、改革开放史、社会主义发展史宣传教育的通知》，为全面加快新时代社会主义现代化强国建设、民族伟大复兴提供强大精神动力和理论支撑条件。

其中，"四史"在内容上虽各具侧重性，但最终的目的却高度统一，中国特色社会主义发展之路主线在于中国共产党的领导。正如王安石的《题张司业诗》中的"看似寻常最奇崛，成如容易却艰辛。"在人的成长和发展中，不可能总是一帆风顺，有顺境也有逆境。同样，人生的幸福不可能唾手可得，需要艰苦奋斗。艰苦奋斗精神体现的是一种乐观的人生态度，激励人们乐观对待人生的苦与乐、荣与辱、顺境与逆境，在失败中不气馁，在逆境中不动摇，在压力下不放弃，始终保持一种奋发向上、积极进取的精神状态和生活态度。诚然，新中国史是一部中国共产党带领全国各族人民团结的艰苦奋斗史，艰苦奋斗精神是新中国史的靓丽底色。思想政治理论课是帮助大学生人生观塑造的关键课程，通过深入挖掘和讲述中华人民共和国建设过程中一桩桩感人至深、催人泪下的故事，诸如绿化塞罕坝、研制"两弹一星"、开挖红旗渠、建设北大荒等艰苦奋斗的事例，将一代代共产党人艰苦的实践和奋斗精神融入思想政治理论课的教学实践中，让大学生明晰"中华人民共和国是靠一代又一代中华儿女艰苦奋斗换来的""只有奋斗的人生才能称得上幸福的人生"。"四史"则是中国共产党领导全国人民探索社会主义的见证，深度学习"四史"必然会确保全党、全国、全社会范围内高度明理增信、崇德力行，坚定中国特色社会主义道路自信、理论自信、制度自信、文化自信，全面增强政治意识、大局意识、核心意识、看齐意识。

（二）深入挖掘"四史"的时代价值

"四史"作为记录党和国家在社会主义发展道路中稳步前行的珍贵历史资料，不仅汇聚了党和国家谋求社会主义发展的智慧，更是经验与教训的高度汇总，极具明理、崇德、力行作用，因此深入解读"四史"可以让世人知晓自己是谁、应该从哪里来、最终应该去往哪里，从而在思想、观念、意识层面得到全面升华。

具体而言，"四史"记录中国共产党带领全国人民站起来、富起来、强起来的过程，将始终为人民服务、始终代表人民利益、始终敢于开拓创新、始终保持砥砺前行作为执政理念，并在理论与实践创新中深刻诠释着该理念。中国共产党作为一个伟大的执政党，具有无上的进取精神，面对中国特色社会主义事业的未来发展，中国共产党在历史新阶段继续带领全国人民在改革中创新，在创新中取得新的胜利、成就新的辉煌，回顾历史不是为了从成功中寻求慰藉，而是为了总结历史经验、把握历史规律，增强开拓前进的勇气和力量。通过对历史人物、历史事件包括它们所带来历史影响的学习，可以更好地了解昨天的历史、把握今天的现实、开创明天的未来。

二、丰富高校思想政治理论课内容的主视角

高校思想政治理论课建设与发展必须与党在不同时期所肩负的历史任务相统一，明确高校思想政治理论课所肩负的历史使命与责任，带领学生以开拓进取、砥砺前行的姿态奔向未来。面对新时代中国特色社会主义现代化强国建设之路的全面开启，牢记历史、不忘初心、砥砺前行是高校思想政治理论课建设与发展的新使命，因此依托"四史"找到丰富高校思想政治理论课内容的视角，是确保"四史"有效融入高校思想政治理论课的一项重要保障条件。

（一）促进高校学生"四个意识"的产生

所谓的"四个意识"，即政治意识、大局意识、核心意识、看齐意识，是党在新时期带领全国人民不断进行开拓进取的动力源泉，是全党、全国、全社会思想高度集中、格局高度统一、步调高度一致之根本，中国共产党自诞生之日起，在发展的各个阶段所取得的光辉成就深深说明了这一点。其中，每个历史事件中所呈现出的历史人物都能深刻印证其政治意识、大局意识、核心意识、看齐意识。

高校思想政治理论课作为全面引领高校学生思想、价值、道德观念的教育载体，在丰富课程内容的过程中，要将促进高校学生"四个意识"产生作为一项重要使命，同时也要将其视为丰富课程内容的主要视角。

（二）助力高校学生坚定"四个自信"

"四个自信"是中国共产党在全面建设新时代中国特色社会主义现代化强国道路中提出，每个自信既相对独立，又相辅相成，是新时代中国特色社会主义发展道路中理论创新和实践创新的根本成就。

对此，高校学生作为祖国未来发展的建设者和接班人，高校思想政治理论课作为坚定广大高校学生正确理想信念、民族使命感、社会责任感、家国情怀的载体，更是引领广大高校学生思想、价值、道德观念发展的"主阵地"，全面增强新时代高校学生中国特色社会主义道路自信、理论自信、制度自信、文化自信成为党和国家赋予新时代高校思想政治理论课的新使命和新任务，故而在丰富课程内容的过程中，必须将助力高校学生坚定"四个自信"视为重要工作内容，更要将其视为丰富课程内容的主视角。

综合本节所阐述的观点不难发现，新时代赋予高校思想政治理论课新的使命和任务，确保高校学生能够正确审视过去和把握当下，以客观的视角放眼未来成为高校思想政治理论课的重要责任。"四史"作为记录党和国家带领全国人民实现站起来、富起来、强起来的珍贵历史资料，能够帮助广大高校学生在思想政治理论课中树立正确的理想信念、坚定政治信仰、建立正确的民族使命感和社会责任感，从而达到全面升华高校学生思想观念、价值观念、道德观念的目的，所以应围绕"四史"所记录的历史人物和历史事件进行课程内容补充，助力广大高校学生形成"四个意识"和坚定"四个自信"的同时，助力"四史"在高校思想政治理论课中的深层次融入。然而，课程内容的有效丰富并不意味着课程教学能够达到预期目标，先进教育技术的应用也是一项保障条件。

第三节 注重教育新技术的深层运用

现代化的教育技术是推动教育发展的关键力量之一，也是教育工作通往成功必不可少的条件。为此，在新时代背景之下，"四史"有效融入高校思想政治理论课必须将先进的教育技术作为重要保障力，由此确保融入策略得到有效落实，最终呈现出较为理想的融入效果。当前现有的现代教育技术应用领域如图6-3所示。

双师课堂

专业人员在直播间，学生在教室
专业人员在直播间，学生在客户端
专业人员和学生同在教室，

慕课
在线学校系统中创建"慕课"
灵活设置课程
学生层面的功能设置

虚拟现实技术
AR技术的应用
VR技术的应用

图6-3 "四史"融入高校思想政治理论课过程中的现代教育技术应用

现代教育技术为高校思想政治理论课教育教学水质量的全面提升提供了重要技术支撑，让更多看似在课堂教学活动中难以完成的内容得以实现。对此，在高校思想政治理论课教学活动中，"四史"的有效融入也要紧紧把握住现代教育技术具有的优势，笔者在下文中就立足上图所罗列出的新技术，明确阐述其具体实践操作。

一、双师课堂的有效应用

所谓的"双师课堂"，通常有两种应用形式，一种就是通过"云平台"

让专业学者、学校教师、学生形成"线上互动"；另外一种就是三者之间以"线下互动"的方式进行教学活动。面对当今时代教育技术的飞速发展，高校思想政治理论课通过"双师课堂"的形式将"四史"贯穿课程教学全过程，能够确保二者之间保持理想化的融合，具体操作如下。

（一）"四史"研究员在小型直播间，学生在标准教室端

"小型直播间"指的就是在规定的区域内运用云端系统建立直播平台，分别聘请"党史""新中国史""改革开放史""社会主义发展史"研究员做客直播间，每一名"四史"研究员可带领多个班级共同开展学习，学生通过连麦的形式与研究员保持互动。研究员向学生深刻解读"四史"中党和国家在探寻社会主义发展道路中所经历的艰辛。

在此过程中，学生所在的标准教室要有一名任课教师进行课堂教学管理，同时要结合相关理论知识向学生进行互补式教学，确保学生能够在学习理论过程中，能够根据党和国家带领全国人民谋求中国特色社会主义发展的实践案例，深度了解理论知识在实践中的应用过程和取得的成果，由此保证高校学生更好地将理论知识加以内化，引领高校学生思想、价值、道德观念的同时，促进高校学生历史观念的全面形成。

（二）"四史"研究员在小型直播间，学生在个人客户端

"双师课堂"另一种应用方式是研究人员依然在学校所建立的小型直播间，但学生不在标准的教室内学习，而是通过客户端设备进行"云学习"，学生在学习平台内与研究人员形成连麦互动的同时，高校思想政治理论课教师也与学生同在一个学习平台，针对研究人员所讲述的"四史"真实历史事件，教师向学生明确相关的理论知识，让学生形成理论联系实际的课堂学习习惯。

这种双师课堂应用形式最大的优点就是便捷性更高，同时碎片化特点更加明显，学生可以不受时间和地点的限制，随时随地进入"云平台"就能够与"四史"研究员形成有效互动，同时也能从中掌握思想政治理论课相关的理论知识，不仅能确保学生学习效率全面提升，还能随时随地加强思想政治理论课对学生思想、价值、道德、历史观念的引领作用，帮助学

生夯实正确的理想信念、政治认同、价值观念、责任意识、家国情怀。

（三）"四史"研究员和学生同在高清教室学习

该"双师课堂"应用方式与传统课堂教学极为相似，就是"四史"研究员、高校思想政治理论课教师、学生共处高清教室，教师在向学生传递相关理论知识的同时，"四史"研究员要结合理论在实践中应用的真实历史事件，向学生做出明确的阐述。

特别需要注意的是，"四史"研究员和高校思想政治理论课教师要保持默契配合，从而通过事件的导火索、发展的过程、事件的结果、总结的经验与教训，启发学生更好地进行理论知识的内化，并且让学生可以深刻感受到党和国家在带领全国人民奔向美好未来的过程中，付出哪些艰辛、取得怎样的辉煌成就、积累怎样的经验与教训，从而彰显出中国共产党带领全国人民建立的中国特色社会主义理论体系、制度、文化具有哪些优越感，由此确保促进学生思想、价值、道德、历史观念正确树立的同时，能够高度坚定"四个自信"。

二、"慕课"的有效运用

"慕课"作为当今高等教育中具有现代化色彩的教育技术之一，是实现教育高度开放化的重要技术支撑条件，能够确保高校学生学习成果的最大化。所以，在保障"四史"有效融入高校思想政治理论课的过程中，将"慕课"加以有效运用显然是明智之选。具体操作主要包括以下三个步骤。

（一）在线学校系统中创建"慕课"

所谓"在线学校系统"，其实质就是学校在线学习平台，通常是指教育云平台，该平台最大的特点就是速度快、安全、便捷，能够将在线学校系统的管理和使用流程进行有效简化，确保"慕课"平台能够在学校教育教学活动中顺利构建。在此期间，教师要明确在教育云平台中构建"慕课"的默认流程，并且按照流程中的具体规定，将"慕课"平台的基本功能模块进行设置，确保学生在登录进入"慕课"平台后，可以找到自己想要了解和深度学习的具体课程。除此之外，还要做好"慕课"平台的管理与运行工作，确保学生在平台中围绕"四史"开展思想政治理论课相关知识点的探索与研究过程中，始终保持高度的开放性，以此进一步增加高校思想政治理论课学习活动理论联系实际的实效性。

（二）灵活的课程设置

在确立好"慕课"构建的基本流程的基础上，随之而来的一项极为重要的任务就是将课程进行灵活设置。众所周知，高校思想政治理论课程体系中，课程设置具有多样性的特征，由此来保障学生思想、价值、道德、法治观念的全面树立。

这就意味着所设置的课程都要作为基本的课程模块，"四史"的有效融入则要体现在课程模块内部的功能模块之中，作为学生进行深入探讨理论知识的真实案例，充分发挥出资源保障作用。其中，"四史"所呈现的方式既要包括视频资料，还要包括图片和文字信息，让学生能够在进行理论知识理解、接受、掌握、增加探究深度过程中，始终有最直接和最有效的史料加以证实，从而促进学生知识内化的效果和学习深度的增加。

（三）学生层面的功能设置

在明确"慕课"平台构建的基本流程，并将相应的功能模块和课程模块加以有效设置的基础上，随之而来的就是要将具体的细节进行有针对性的完善和处理。具体而言，就是针对学生进入"慕课"平台的身份认定、退出该平台的条件、有效进行分组的方法，以及学生在平台中所扮演的角色、具有的操作权限、具体学习表现跟踪等学生层面的功能设置。

在此期间，身份认证和退出机制的构建要有相关的软件作为支撑，有效进行分组的原则必须以学生思维方式、问题思考的习惯、性格特征等多方面作为依据，必须以"探究者"的角度进行学生的角色定义，同时向学生设定学习内容、学习资料、信息发布的权限，最后根据学生思考、提出假设、讨论的过程，进行"慕课"学习过程与成果的动态化跟踪，教师定期为之提供有针对性的指导，起到答疑解惑的作用。这样不仅确保"四史"能够最大程度发挥出教育人、启发人、引导人的作用，更让学生高度树立"四个自信"和全面增强"四个意识"。

三、虚拟现实技术的应用

虚拟现实技术是当今高等院校课程教学工作的重要技术支撑，也是全面提高课程教学质量的重要技术条件，能够确保各项教育教学活动实现高质量开展。对此，在高校思想政治理论课建设与发展中，"四史"的有效融合可将该虚拟现实技术作为重要的选择，为融合过程与效果达到最佳提供强有力的技术保障。

（一）AR技术的有效应用

"AR技术"一般是指增强现实技术，增强现实（Augmented Reality，AR）技术就是将虚拟的信息在现实中加以有效应用，从而让真实的环境与虚拟的物体形成相互重叠，最终形成一个虚拟现实空间。在高校思想政治理论课教育教学活动中，"四史"的有效融入过程中完全可以应用AR技术，确保让学生在学习相关理论内容时更加直观地认识鲜活的历史案例，帮助学生更好地进行知识的理解与内化。

在此期间，需要高校建设AR教育实训室，将"四史"中的真实历史事件通过AR演示系统呈现在学生面前，让学生结合教师所传递的理论知识去观看相关历史重大事件的发展过程与结果，从而去分析理论知识在历史实践中的运用过程。与此同时，该系统还要向学生设置其他历史事件选项，让学生尝试其他历史事件为什么会遭遇失败，或者经历诸多坎坷，最主要的原因就是该理论的应用存在不合理或未能与当时的实际情况相结合的问题。在此期间，教师只需要进行相关的引导，学生自然可以从中受到启发，"四史"的历史说明、历史启发、历史导向作用自然尽显无遗。

（二）VR技术的有效应用

"VR技术"一般是指虚拟现实技术，虚拟现实（Virtual Reality，VR）技术作为智慧化教育手段之一，其实质就是将真实的场景进行数字化模拟，让学生通过使用VR设备进入仿真度极高的虚拟世界之中，产生身临其境的感觉，让真实情境充分发挥教育人和感染人作用的同时，教师通过相应的引导，实现对学生的有效启发。"四史"的有效融入自然可以有效应用VR技术，确保真实的历史情境和教师的引导助力学生进行知识的理解与内化。

在此期间，高校在思想政治理论课开展过程中，要向学生提供 VR 智能设备，教师要注重将"四史"真实历史事件的进行场景化处理，并上传至学校思想政治理论课学习平台。在每一个知识点讲述的过程中，通过佩戴 VR 智能设备建立真实历史情境的方式，让学生身临其境感知理论在历史事件中的具体应用过程，达到触及学生心灵深处引发共鸣的作用，这样显然有助于学生知识的内化和思想的启迪，更在无形中坚定其理想信念、政治信仰、责任意识和家国情怀。

综合本节所阐述的观点，可以看出在新时代高校思想政治理论课建设与发展中，有效利用先进教育技术可以确保"四史"融入的效果达到最佳，并且其作用得到最大程度体现。但不可否认的是，依然有众多因素会影响先进教育技术应用的最终效果，所以评价"四史"融入的过程必须要有明确的评价标准和评价指标作为最基础的保证，笔者在本章最后一节就针对其做出系统性论述。

第四节　评价标准和评价指标系统构建

在本书第五章第四节中，笔者已经针对"四史"融入高校思想政治理论课评价指标体系做出了明确阐述，其目的就是要让"四史"成为评价高校思想政治课程建设与发展过程和结果的重要立足点，确保高校思想政治理论课建设与发展始终与中共中央、教育部所提出的总体要求高度吻合，但是并没有针对课的整体评价标准和评价指标体系的构成要素做出系统阐述。以下笔者将课的评价标准与指标体系构建要素加以明确，确保"四史"融入高校思想政治理论课的策略实施拥有极为明确的保障条件，具体如图6-4 所示。

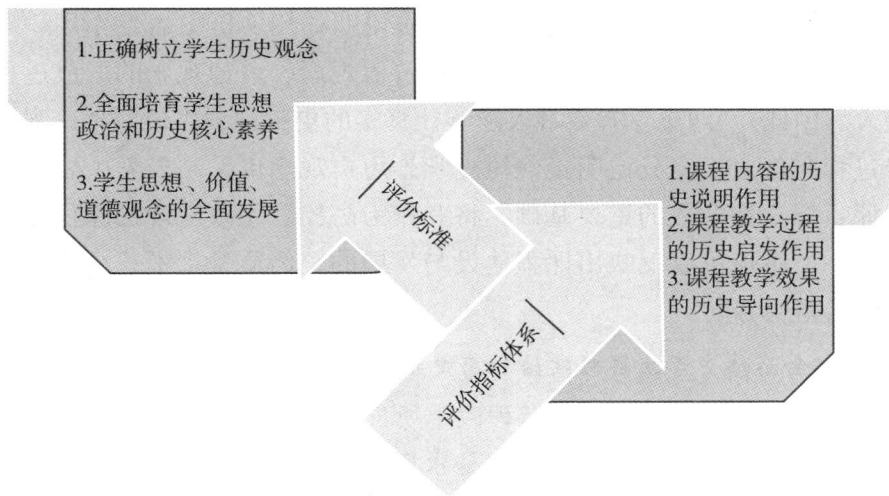

1.正确树立学生历史观念

2.全面培育学生思想政治和历史核心素养

3.学生思想、价值、道德观念的全面发展

评价标准

评价指标体系

1.课程内容的历史说明作用
2.课程教学过程的历史启发作用
3.课程教学效果的历史导向作用

图6-4 评价标准与指标体系的构成要素

课程整体质量的提升往往需要有高度可行的策略作为重要保证，然而，确保其策略的高度可行必须要有与之相对应的评价标准和评价指标作为重要保证，评价"四史"融入高校思想政治理论课的策略可行性显然也要有明确的评价标准和指标体系来保证。

一、课程评价标准构成要素

在课程评价体系构建全过程中，评价标准通常可以认定为评价课程建设与发展质量的"标尺"，所以构建课程评价体系必须将课程评价标准放在重要位置。所以"四史"有效融入高校思想政治理论课的过程中，策略是否高度合理可以通过完善课程评价标准实现，为融入策略的科学有效提供重要的保障条件。具体评价标准构成要素如下。

（一）正确树立高校学生历史观念

从以往高校思想政治理论课的基本任务来看，高校学生思想、价值、道德观念的引领是任务主体，带领学生坚定理想信念、政治信仰、法治观念、社会责任的同时，确保学生能够以辩证唯物主义视角看待社会发展的一般规律，并就未来发展做出客观判断。

但单纯依靠固有的课程内容，其历史说明作用、历史启发作用、历史导向作用并不强，所以学生思想观念、价值观念、道德观念的形成过程难度较大。因此，"四史"有效融入能够让真实的史料记载去说明理论观点的实践过程与价值，充分说明正确树立学生历史观念也是高校学生思想政治理论课目标全面达成的重要基础，将其作为高校思想政治理论课程的评价标准之一，不仅可以反映出课程建设与发展的整体质量水平，更能为"四史"融入指明方向。

（二）全面培育学生思想政治和历史核心素养

从高校思想政治理论课新课程改革所提出的总体要求出发，全面培养高校学生世界观、人生观、价值观是永远不变的追求，其新要求体现在要让高校学生思想政治学科核心素养和历史学科核心素养得到全面发展，确保学生政治认同、科学精神、法治意识、公共参与四项思想政治学科核心素养全面发展的同时，时空观念、史料证实、历史理解、历史解释、历史价值观也得到全面发展，真正确保学生能够以客观的历史视角去看待事物发展规律，最终明确未来的发展方向。真正让高校学生在学习思想政治理论课的过程中做到理论联系实际。

"四史"作为党和国家带领全国人民谋求国家强大、民族复兴、人民幸福的历史见证，能够更好地促进高校学生思想政治和历史核心素养全面提升，达到新时代高校思想政治理论课新课程改革的总体要求，所以将高校学生思想政治和历史核心素养的全面培育作为一项重要评价标准，评价结果可以反映出课程建设与发展的整体质量，并且说明"四史"融入高校思想政治理论课的科学性与合理性。

（三）全面发展学生思想、价值、道德观念

一个政党、一个国家、一个民族之所以可以从弱小走向强大，从强大走向胜利、从胜利走向辉煌、从辉煌走向新的辉煌，原因在于其有着辉煌的发展史，中国共产党带领全国人民取得今天的辉煌更是如此，要想在未来取得新的辉煌更需要继续书写辉煌的发展史，"四史"毫无疑问就是中国共产党、中华人民共和国、中华民族光辉的发展史。

回首过去，不仅可以让人们高度明确自己的过往，通过总结过往中的得与失、经验与教训，还能让自己未来的发展方向更加明确和坚定，作为一个政党、一个国家、一个民族也是如此。在探寻新时代发展之路过程中，需要了解其过往、总结其经验与教训、明确其发展方向、坚定不移地为之付出努力和奋斗，高校学生作为新时代中国特色社会主义建设者和接班人，做到以史为鉴引领高校学生思想、价值、道德观念的全面发展，成为新时代高校思想政治理论课程的重要评价标准之一，更是对"四史"有效融入高校思想政治理论课的时代意义与价值的深层诠释，使课程质量评价结果可以充分反映出"四史"融入的科学性与合理性。

二、评价指标的构成要素

评价指标体系是体现评价结果综合性特征的关键所在，由于评价指标所作用的评价对象不同，所以评价指标的多样化必然会使评价结果具有客观性和综合性，这也正是高校思想政治理论课建设与发展道路中，全面提高课程质量水平必须将系统构建评价指标放在重要位置的原因。对此，确保"四史"有效融入高校思想政治理论课就必须有相对应的评价指标要素作为保证。

（一）课程内容的历史说明作用

课程内容是否具有历史说明作用，不仅直接关乎学生能否通过历史的真实事件更好地理解、接受、掌握、内化所要学习的理论知识，并从中建立一个完整的知识结构和技能结构，更关乎在高校思想政治理论课程结束后学生能否建立一个完整的知识体系，以及正确的思想观念、价值观念、道德观念。对此，在进行新时代高校思想政治理论课的课程评价过程中，评价指标中应将课程内容的历史说明作用作为一级评价指标，所包含的二级评价指标则在于真实历史案例的合理性、完整性、实践说明性等，确保评价指标所反映出的评价结果能够说明真实案例是否能够促进学生直观理解理论内容所阐述的基本原理。

（二）课程教学过程的历史启发作用

在高校思想政治理论课教学活动中，教学过程是否具有历史启发作用必然会影响到学生知识的掌握与内化程度，更会直接关乎学生能否针对事物的发展过程进行总结、归纳、评价，而这恰恰是学生价值观的具体表现所在。为此，在评价高校思想政治理论课整体质量的过程中，应将课程教学过程的历史启发作用纳入一级评价指标，下辖二级评价指标应涵盖教学内容与资源是否有利于引领学生提出问题假设、教学方法是否有利于师生之间保持双向互动、教学氛围是否有助于学生之间保持合作探究等，确保评价指标所反映出的评价结果能够说明学生总结、归纳、评价事物发展和了解事物发展规律的具体情况，呈现对学生思想和价值观念的引领作用。

（三）课程教学效果的历史导向作用

课程教学活动最终目的就是全面实现课程建设与发展的预期目标，故此课程评价必须注重课程教学活动最终效果的呈现，高校思想政治理论课的评价显然也不例外。毋庸置疑的是，学生真正学好思想政治理论课的基本前提在于能够了解理论基础提出的背景，同时还要明确理论基础在历史沿革中的实际运用，最后结合实际运用成果发现理论的指导意义，进而确保学生能够意识到理论本身的应用价值，以及对未来发展方向的指导作用。对此，在评价新时代高校思想政治理论课过程中，要将课程教学效果的历史导向作用视作一级评价指标，包括的二级评价指标应主要是依托课程内容与资源研判社会主义事业未来发展方向、依托课程内容与资源挖掘自身前进动力等，确保评价指标能够反映出课程教学对学生思想、价值、道德、历史观念的引领作用。

第七章　余论

综合本书所论述的观点，不难发现"四史"的有效融入是新时代高校思想政治理论课建设与发展的当务之急，其可行性与必要性极为明显，同时也是一项极为系统的工程。在此期间，不仅要明确"四史"融入高校思想政治理论课的目标，同时还要高度明确融入的原则，最终还要建立一条完整的融入路径和准备完善的策略保障条件，由此才能确保将其转化为现实。为此，笔者在本章中结合创作过程，对其做出系统性的梳理与总结。

第一节　融入的视角保持全方位

本书中已经高度明确地阐述了将"四史"有效融入高校思想政治理论课的可行性与必要性，并充分说明了"四史"在高校思想政治课教育教学工作中的重要性。其中，包含在课程目标、课程内容、课程教学方法、课程评价方面有效融入的具体路径。因此，充分说明"四史"有效融入高校思想政治理论课的过程必须保持视角的全方位性。

一、切实将"四史"有效融入高校思想政治理论课建设与发展目标之中

众所周知，课程目标是课程建设与发展的主体方向，目标明确则意味着课程育人的目的也随之高度明确，所以在课程建设全过程中，要将明确课程目标作为首要任务。"四史"有效融入高校思想政治理论课就是要让课程教学活动变得更加生动，让学生通过真实的历史事件、会议精神、历史人物的个人经历，去感知中国社会主义道路的探索与实践伴随着无法想象的艰辛，同时又有令世人叹为观止的伟大成就，从而树立强大的中国特色社会主义道路自信、理论自信、制度自信、文化自信的同时，建立"四个意识"，真正确保学生高校学生思想、价值、道德、历史观念的正确树立。

因此，这是对以往高校思想政治理论课程建设与发展思路的一种颠覆，所以要求"四史"有效融入高校思想政治理论课的过程中，必须要与高校思想政治理论课建设与发展的初衷相一致，而这也正是与高校思想政治理

论课建设与发展目标相融合的具体表现，由此高度明确高校思想政治理论课为谁培养人、培养怎样的人、怎样培养人，力保课程品质得到全面提升的同时，助力高校高质量人才的全面培养。

二、切实将"四史"有效融入高校思想政治理论课内容体系之中

随着"立德树人"理念在高校人才培养工作中的全面落实，让广大高校学生深刻知晓中国共产党带领全国人民共同开创社会主义道路的艰辛与成就，从中唤起广大高校学生铭记历史、继往开来的意识至关重要，由此才能促使高校学生为祖国建设与发展奉献青春、贡献力量。高校思想政治理论课作为全面引领大学生思想、价值、道德观念的重要载体，让学生深入了解中国共产党带领全国人民共同开创社会主义道路的艰辛与成就自然有助于课程目标的全面达成，更好地践行"立德树人"理念。

在此期间，"四史"所记录的历史事件、会议精神、历史人物的个人经历融入课程教学活动之中必须明确一个基本前提，即与课程教学的基本内容高度匹配。"四史"所具有的历史说明作用、历史启发作用、历史导向作用真正的体现往往在于学生关于理论知识的理解，有效选择相关历史事件、会议精神、历史人物的个人经历更有助于学生弄清为什么、是什么、怎么做，从而让学生高度认可中国共产党的领导和中国特色社会主义建设与发展，最终方可助其在新时代中国特色社会主义事业建设与发展中不断迸发出动力。

三、切实将"四史"有效融入高校思想政治理论课程模式之中

课程模式所包含的范围较大，包括课程思想、理念、开发、组织形式、教学内容、教学方法、课程管理等多方面，上文已经立足课程目标和课程内容方面的融入进行了具体阐述，但课程思想、课程理念、课程开发、课程教学方法、课程管理方面对课程建设与发展依然起着至关重要的作用。因此，在"四史"有效融入高校思想政治理论课的过程之中，也必须高度关注这几方面。

具体而言，在课程思想方面，必须要体现出促进学生思想价值、道德、

历史观念的协同培养，确保新时代高校学生的全面发展；在课程理念方面，依然要以"立德树人"理念为中心，确保高校学生政治信仰、理想信念、社会责任、家国情怀的共同生成；在课程开发方面，确保高校思想政治理论课能够形成学科交叉；在课程教学方法方面，要做到理论与实践相结合，力求理论教学能够以历史实践经验作为支撑；在课程管理方面，要有明确的课程评价体系作为重要保证，使"四史"在高校思想政治理论课中的作用和价值得以充分展现。

第二节　融入的过程要与高校学生高度适应

"四史"要想在高校思想政治理论课教育教学活动中切实做到作用与价值的最大化，关键不仅体现在融入的视角要保持全方位，更要注重融入的过程要与高校学生保持高度适应。具体包括以下三方面。

一、与新时代大学生思维方式相统一

所谓的"新时代"是指中国特色社会主义新时代，该时代的明显特征就是制度的高度合理化、经济高度开放、文化的高度融合、理论的高度创新，时代发展大环境也呈现出截然不同的特点，同时也影响着人们思维方式的形成与发展。在新时代背景下，高校学生思维方式受到时代大环境的影响，呈现出前瞻性较强但客观性有待提升的特点。所以，在高校思想政治理论课教育教学活动中，必须要让学生根据中国社会主义事业建设与发展的一般规律，针对已经取得的成果进行客观总结，并针对未来发展方向做出有效的研判，进而高度明确未来自身发展和努力具体方向。

这显然是高校思想政治理论课全面确保学生思想、价值、历史、道德观念全面树立的重要保证，故而在"四史"融入的过程中，要保持真实历史事件、会议精神、历史人物贡献所具有的说明和启发作用与学生思维方式相统一，确保史料更易于高校学生理解和接受，从中感悟史料内容所带

来的启发，最终确保自身的思想、价值、道德、历史观念正确形成的同时，政治信仰、理想信念、社会责任、家国情怀也高度坚定，助其实现全面发展。

二、表现方式更利于新时代大学生接受

从高校学生日常学习活动的普遍需求来看，内容利于理解和接受、与教师和同伴之间形成广泛交流、始终保持探究学习氛围是较为明显的需求。这一普遍需求产生的原因极为简单，就是由于课程教学的内容过于注重以课本为中心，由此导致"教"的过程只能体现在"言传"这一层面，很难真正实现与"身教"相结合这一最终目标。对此，"四史"的有效融入要满足广大高校学生思想政治理论课学习的普遍需求，强调"四史"相关材料的表现方式更加具有多样性，更有助于学生理解和接受，力求课堂学习过程能够形成师生之间与生生之间的互动、合作。

对此，这就要求广大教师要将"四史"以最生动形象的方式展现出来，可以通过微视频的方式进行案例展示，也可以结合历史事件的发展过程和历史人物的生平事迹进行动漫制作，在教学活动中通过多媒体设备充分呈现在学生面前，这显然能够让"四史"的视觉直观效果达到最佳，不仅可以辅助学生更好地掌握相关理论知识，同时还能助力学生与教师之间、学生与学生之间开展话题互动和学习项目合作，力保"教"与"学"的效果达到最佳。

三、借助具有高度科学性的外在条件

众所周知，教育技术在教育教学活动中所呈现的作用极为明显，通常在一定程度上关乎课堂教学活动能否走向成功，虽然并非具有决定性作用，但是其具有的影响力值得高度关注。为此，高校思想政治理论课教育教学活动中，"四史"的有效融入必须强调将教育技术的支撑作用最大化，高度强调技术条件运用的科学性与合理性，以求"四史"在高校思想政治理论课教育教学中的价值得到充分发挥。

特别是在"线上"与"线下"相结合课程模式之中，"线上教育"活动

要充分运用"慕课"技术，确保高校学生结合"四史"相关史料进行高度开放的学习，观点交流过程中不断优化自身关于中国特色社会主义制度、理论体系、文化的理解，从而树立并坚定"四个自信"，形成"四个意识"；"线下教育"活动要将虚拟现实技术有效应用于教育活动之中，为学生高度还原历史场景，让学生感同身受，不仅促进学生更好地内化理论知识，更激发出全心全意投身祖国社会主义事业发展的热情。

参考文献

[1] 徐光寿，孔祥成．高校思想政治理论课体系转化研究 [M]．上海：立信会计出版社，2014．

[2] 孙其昂，王集权，刘爱莲．思想教育与理论创新 [M]．南京：河海大学出版社，2004．

[3] 谢迪斌．高校思想政治理论课党史教学叙事话语的建构 [J]．思想理论教育导刊，2021（6）:96-99．

[4] 管金玲，卢晓莉．党史教育融入高校思想政治理论课的实践思考：以《马克思主义基本原理概论》课程为例 [J]．品位·经典，2021（19）:68-71．

[5] 张哲，刘新跃，张紫薇．党史教育融入高校思想政治理论课研究 [J]．铜陵学院学报，2021，20（4）:59-62．

[6] 黄蓉生，石海君．党史学习教育融入高校思想政治理论课的多维论析 [J]．思想理论教育导刊，2021（9）:109-114．

[7] 江卉．高校思想政治理论课讲好党史故事的四个层面 [J]．新疆财经大学学报，2021（4）:14-20．

[8] 张莉，王路瑶．"四史"教育融入高校思政课教学的五维逻辑进路 [J]．西南石油大学学报（社会科学版），2021，23（6）:91-97．

[9] 刘雨亭．党史学习教育融入高校思想政治理论课的沿革、经验与优化路径 [J]．思想理论教育导刊，2021（11）:89-94．

[10] 骆郁廷．高校思想政治理论课的"变"与"不变"[J].思想理论教育导刊，2013（4）:70–77.

[11] 杜向辉．红色文化融入高校思想政治理论课教育教学研究综述 [J]. 江西理工大学学报，2020，41（4）:13–19.

[12] 陈小林．习近平思想政治教育思想融入高校思想政治理论课研究 [J]. 高教学刊，2019（22）:156–158.

[13] 王娟，吴芬．百年党史视域下高校思政课教学的根本向度 [J]. 领导科学论坛，2021（12）:151–155.

[14] 王丽芳，付伟斌．"四史"学习教育融入高校思想政治理论课的研究 [J]. 大学，2021（51）:4–6.

[15] 梁建华，赵飞．中国共产党百年党史的理想信念教育价值及应用：以高校思想政治理论课为例 [J]. 河池学院学报，2021，41（6）:55–60.

[16] 关明，魏强．高校思想政治理论课学习评价体系探析 [J]. 中学政治教学参考，2021（20）:53–55.

[17] 郭翠翠．政治认同视域下"四史"学习教育融入高校思想政治理论课路径建构 [J]. 济南职业学院学报，2021（4）:60–63，67.

[18] 杨建春．增强高校思想政治理论课亲和力的生态体系构建 [J]. 黑龙江生态工程职业学院学报，2021，34（6）:143–145，149.

[19] 靳诺．新时代高校思想政治理论课改革创新的逻辑、方向和体系 [J]. 教学与研究，2020（1）:16–23.

[20] 方建．高校思政课讲好党史故事需要注意的几对关系 [J]. 上海党史与党建，2017（12）:36–38.

[21] 王琴．习近平思想政治教育思想融入高校思想政治理论课研究 [J]. 湖北函授大学学报，2018，31（15）:67–68，77.

[22] 吴洁，周宏．高校思想政治理论课中党史文化教育实施路径 [J]. 安顺学院学报，2022，24（1）:48–53.

[23] 肖睿．高校思想政治理论课加强党史教育的教学方法刍议 [J]. 群文天地，

2011（18）:170–171.

[24] 何虎生 . 从百年党史中汲取强大的精神力量 [J]. 人民论坛，2021（15）:72–77.

[25] 李锦薇 . "四史"教育融入高校思想政治理论课教学探析 [J]. 广西青年干部学院学报，2021，31（4）:66–69，73.

[26] 杨文圣，乔宇煊 . 辩论式教学法在高校思想政治理论课中的运用："四史"教育融入高校思想政治理论课的视角 [J]. 北京教育（德育），2021（9）:46–50.

[27] 王韦君 . 高校实施"四史"教育的价值旨向、现实困境与路径优化 [J]. 林区教学，2021（12）:1–4.

[28] 徐浩，刘振霞 . 提升红色资源在高校思想政治理论课的影响力的实现路径 [J]. 智库时代，2020（4）:189–190.

[29] 任姣丽 . 高校思想政治理论课融入"初心、使命"教育的思考 [J]. 吕梁学院学报，2020，10（1）:46–48.

[30] 冯旺舟，罗玉洁 . 从"大水漫灌"走向"精准滴灌"：论长征精神融入高校思想政治理论课的路径优化 [J]. 经济与社会发展，2018，16（6）:87–92.

[31] 张新峰 . 高校思想政治理论课讲好中国共产党人精神谱系的思考 [J]. 山西高等学校社会科学学报，2022，34（1）:23–28.

[32] 赵霞 . 教学创新，增强高校思想政治理论课课程改革的实效性 [J]. 党史博采 . 理论，2006（12）:96，100.

[33] 宋学勤 . 百年党史是"中国近现代史纲要"课程教学的核心内容 [J]. 思想理论教育导刊，2021（2）:112–117.

[34] 宋学勤，罗丁紫 . 论"四史"教育融入大中小学思想政治理论课一体化建设 [J]. 思想教育研究，2021（3）:73–79.

[35] 赵健 . "党史档案"融入思想政治理论课的价值意蕴与路径选择 [J]. 柳州职业技术学院学报，2021，21（5）:76–80.

[36] 刘朝阁，王忠丽，王方 . 高校思想政治理论课目的论探析 [J]. 理论观察，2022（1）:16-20.

[37] 闫娟 . "四史"教育融入高校思想政治理论教学的实践探索：以"毛泽东思想和中国特色社会主义理论体系概论"为例 [J]. 合肥师范学院学报，2021，39（5）:129-132.

[38] 师吉金 . 关于"四史"融入思想政治理论课的几个问题 [J]. 吉林师范大学学报（人文社会科学版），2022，50（2）:111-117.

[39] 王桂花 . 百年党史强化思想政治理论课育人实效的路径与要件 [J]. 廊坊师范学院学报（社会科学版），2021，37（4）:110-115.

[40] 吴少伟 . 伟大建党精神融入高校思政课的价值意蕴和实践路径 [J]. 学校党建与思想教育，2022（2）:46-48.

[41] 崔辉 . 党史资源融入《中国近现代史纲要》课程的教学机制 [J]. 思想政治课研究，2020（4）:46-51.

[42] 孟宪杰 . 思想政治理论课是高校党史教育的主阵地 [J]. 传承，2015（11）:22-23.

[43] 柯新凡 . 高校思想政治理论课教学内容体系的构建与发展：以《毛泽东思想和中国特色社会主义理论体系概论》为例 [J]. 党史博采（理论），2009（11）:44-45.

[44] 刘佳 . 新时期高校思想政治工作的三重属性与方法论意蕴 [J]. 上海党史与党建，2017（9）:47-50.

[45] 胡丹丹 . 习近平党史观及其融入高校思想政治理论课教学探究 [J]. 高教学刊，2021（10）:21-24.

[46] 彭俊杭，刘德洋，朱斌 . 论新时代高校思想政治教育中党史人物教育的意义与实践路径 [J]. 张家口职业技术学院学报，2020，33（4）:36-40.

[47] 陈锡喜，吕列霞 . 习近平党史观融入高校思政课的价值与实践 [J]. 中国大学教学，2021（5）:42-49.

[48] 魏秀兰 . 当代大学生"四个自信"认同教育的意义和路径选择：基

于思想政治理论课教学视角 [J]. 佳木斯大学社会科学学报，2021，39（3）:95–97.

[49] 王倩．百年中共党史融入高校思政教育的价值及路径研究 [J]. 民族高等教育研究，2021，9（3）:9–14，20.

[50] 李雅兴，姚功武．习近平关于办好思想政治理论课重要论述的内在逻辑 [J]. 思想理论教育导刊，2020（4）:33–38.

[51] 刘畅然，张锋，韦雪琼．论思想政治理论课教育对推进改革开放理论的重要平台作用：以思想政治理论课课程设置方案四次大调整为例 [J]. 党史文苑，2010（16）:65–68.

[52] 刘圣兰．思想政治理论课实践教学校本模式的逻辑理路 [J]. 社科纵横，2014，29（12）:155–158.

[53] 杨秀玲．思想政治理论课培养大学生历史意识研究 [D]. 重庆：西南大学，2021.

[54] 崔箐琳．习近平大学生思想政治教育理论研究 [D]. 哈尔滨：东北林业大学，2021.

[55] 李娜．红色基因融入高校学生思想政治教育路径研究 [D]. 绵阳：西南科技大学，2021.

[56] 陈昊．历史虚无主义思潮对大学生理想信念的影响及应对研究 [D]. 哈尔滨：哈尔滨师范大学，2020.

[57] 叶娟娟．整体性视域下高校思想政治理论课实践教学研究 [D]. 杭州：浙江大学，2020.

[58] 张丽丽．思想政治理论课体验式教学探究 [D]. 济南：山东师范大学，2012.

[59] 丘小维．广西高校学生党史国史教育现状及对策研究 [D]. 南宁：广西师范学院，2015.